PRIMO LEVI

OS AFOGADOS E OS SOBREVIVENTES

OS DELITOS,
OS CASTIGOS,
AS PENAS,
AS IMPUNIDADES

PRIMO LEVI

OS AFOGADOS E OS SOBREVIVENTES

OS DELITOS,
OS CASTIGOS,
AS PENAS,
AS IMPUNIDADES

Tradução
Luiz Sérgio Henriques

8ª edição

Paz & Terra

Rio de Janeiro
2024

Copyright © Giulio Einaudi Editore S.p.A.

Copyright da tradução © Paz e Terra, 1990

Título original em italiano: *I sommersi e i salvati*

Design de capa: Ana C. Bahia

Imagem de capa: Michael St. Maur Sheil/Corbis/Latinstock

Imagem de 4ª capa: David Hiser/Corbis/Latinstock

Direitos de edição da obra em língua portuguesa no Brasil adquiridos pela
EDITORA PAZ E TERRA. Todos os direitos reservados. Nenhuma parte
desta obra pode ser apropriada e estocada em sistema de bancos de
dados ou processo similar, em qualquer forma ou meio, seja eletrônico,
de fotocópia, gravação etc., sem a permissão do detentor do copyright.

Editora Paz e Terra Ltda.
Rua Argentina, 171, 3º andar – São Cristóvão
Rio de Janeiro, RJ – 20921-380
http://www.record.com.br

Seja um leitor preferencial Record.
Cadastre-se e receba informações sobre nossos lançamentos e nossas promoções.

Atendimento e venda direta ao leitor:
sac@record.com.br

Texto revisado segundo o Acordo Ortográfico da Língua Portuguesa de 1990.

| | CIP-BRASIL. CATALOGAÇÃO NA FONTE |
| | SINDICATO NACIONAL DOS EDITORES DE LIVROS, RJ |

	Levi, Primo, 1919-1987
L644a	Os afogados e os sobreviventes / Primo Levi;
8ª ed.	tradução de Luiz Sérgio Henriques. – 8ª ed. –
	Rio de Janeiro: Paz e Terra, 2024.
	168 p.: il.
	ISBN 978-85-7753-346-6
	1. Levi, Primo, 1919-1987. 2. Auschwitz
	(Campo de concentração). 3. Holocausto judeu
	(1939-1945) – Narrativas pessoais. 4. Escritores
	italianos – Séc. XX – Biografia juventude.
	I. Título.
	CDD: 940.54724304386
16-30208	CDU: 94(100)'1939/1945'

Impresso no Brasil
2024

SUMÁRIO

PREFÁCIO 7

I. A memória da ofensa 17

II. A zona cinzenta 27

III. A vergonha 55

IV. Comunicar 71

V. Violência inútil 85

VI. O intelectual em Auschwitz 103

VII. Estereótipos 121

VIII. Cartas de alemães 137

CONCLUSÃO 163

PREFÁCIO

As primeiras notícias sobre os campos de extermínio nazistas começaram a difundir-se no ano crucial de 1942. Eram notícias vagas, mas convergentes entre si: delineavam um massacre de proporções tão amplas, de uma crueldade tão extrema, de motivações tão intrincadas que o público tendia a rejeitá-las em razão de seu próprio absurdo. É significativo como essa rejeição tenha sido prevista com muita antecipação pelos próprios culpados; muitos sobreviventes (entre outros, Simon Wiesenthal, nas últimas páginas de *Gli assassini sono tra noi*, recordam que os SS se divertiam avisando cinicamente os prisioneiros: "Seja qual for o fim desta guerra, a guerra contra vocês nós ganhamos; ninguém restará para dar testemunho, mas, mesmo que alguém escape, o mundo não lhe dará crédito. Talvez haja suspeitas, discussões, investigações de historiadores, mas não haverá certezas, porque destruiremos as provas junto com vocês. E ainda que fiquem algumas provas e sobreviva alguém, as pessoas dirão que os fatos narrados são tão monstruosos que não merecem confiança: dirão que são exageros da propaganda aliada e acreditarão em nós, que negaremos tudo, e não em vocês. Nós é que ditaremos a história dos *Lager*."*

Curiosamente, esse mesmo pensamento ("mesmo que contarmos, não nos acreditarão") brotava, sob a forma de sonho noturno, do desespero dos prisioneiros. Quase todos os sobreviventes, oralmente ou em suas memórias escritas, recordam um sonho muitas vezes recorrente nas noites de confinamento, variado nos particulares mas único na substância: o de terem voltado para casa e contado com paixão e alívio seus sofrimentos passados, dirigindo-se a uma pessoa querida, e de não

---

* *Lager*: campos de concentração. (*N. do T.*)

terem crédito ou mesmo nem serem escutados. Na forma mais típica (e mais cruel), o interlocutor se virava e ia embora silenciosamente. Este é um tema ao qual retornaremos, mas desde agora é importante ressaltar como ambas as partes, as vítimas e os opressores, tinham viva a consciência do absurdo e, portanto, da não credibilidade daquilo que ocorria nos *Lager*, e, podemos aqui acrescentar, não só nos *Lager* mas nos guetos, nas retaguardas da frente original, nos postos de polícia, nos hospitais para os deficientes mentais.

Felizmente as coisas não se desenrolaram como as vítimas temiam e como os nazistas esperavam. Mesmo a mais perfeita das organizações apresenta falhas, e a Alemanha de Hitler, sobretudo nos últimos meses antes do colapso, estava longe de ser uma máquina perfeita. Muitas provas materiais dos extermínios em massa foram suprimidas, ou se buscou mais ou menos habilmente suprimi-las: no outono de 1944, os nazistas explodiram as câmaras de gás e os fornos crematórios de Auschwitz, mas as ruínas ainda existem e, a despeito do contorcionismo dos epígonos, é difícil justificar suas funções recorrendo a hipóteses fantasiosas. O gueto de Varsóvia, após a famosa insurreição da primavera de 1943, foi destruído, mas o esforço sobre-humano de alguns combatentes-historiadores (historiadores de si mesmos!) fez com que, entre os escombros de muitos metros de espessura, ou contrabandeado para além dos muros, outros historiadores reencontrassem o testemunho de como, dia após dia, aquele gueto viveu e morreu. Todos os arquivos dos *Lager* foram queimados nos últimos dias da guerra, e esta foi verdadeiramente uma perda irremediável, tanto que ainda hoje se discute se as vítimas foram quatro, seis ou oito milhões: mas sempre de milhões se fala. Antes que os nazistas recorressem aos gigantescos fornos crematórios múltiplos, os inúmeros cadáveres das próprias vítimas, assassinadas deliberadamente ou destruídas pelos padecimentos e pelas doenças, podiam constituir uma prova e deviam ser eliminados de algum modo. A primeira solução, tão macabra que é difícil falar a seu respeito, foi a de empilhar simplesmente os corpos, centenas de milhares de corpos, em grandes fossas comuns, o que foi feito particularmente em Treblinka, em outros *Lager* menores e nas retaguardas russas. Era uma solução provisória, tomada com uma negligência bestial quando os exércitos alemães triunfavam em todas as frentes e a vitória final parecia certa: *depois* se veria o que fazer, de todo modo o vencedor é dono também da verdade, pode manipulá-la como lhe convier, de alguma maneira as fossas comuns seriam justificadas, ou eliminadas, ou ainda atribuídas aos soviéticos (que, de resto, demonstraram em Katyn não ficarem muito atrás). Mas após a virada de Stalingrado houve uma revisão: melhor apagar tudo de uma vez. Os próprios prisioneiros foram obrigados a desenterrar aqueles pobres restos e a queimá-los em fogueiras a céu aberto, como se uma operação dessas proporções, e tão incomum, pudesse passar totalmente inobservada.

Os comandos SS e os serviços de segurança tomaram todas as precauções para que nenhuma testemunha sobrevivesse. É este o sentido (dificilmente se poderia imaginar um outro) das transferências mortais e aparentemente ensandecidas com que se encerrou a história dos campos nazistas nos primeiros meses de 1945: os sobreviventes de Majdanek para Auschwitz, os de Auschwitz para Buchenwald e para Mauthausen, os de Buchenwald para Bergen Belsen, as mulheres de Ravensbrück para Schwerin. Todos, em suma, deviam ser subtraídos à libertação, deportados novamente até o coração da Alemanha invadida pelo leste e pelo oeste; não tinha importância que morressem no caminho, importava que não contassem. Com efeito, depois de terem funcionado como centros de terror político, em seguida como fábricas da morte e, sucessivamente (ou simultaneamente), como ilimitado reservatório de mão de obra escrava sempre renovada, os *Lager* haviam se tornado perigosos para a Alemanha moribunda, porque continham o segredo dos próprios *Lager*, o crime máximo na história da humanidade. O exército de espectros que neles ainda vegetava era constituído de *Geheimnisträger*, portadores de segredo, dos quais era preciso livrar-se; já destruídas as instalações de extermínio, por sua vez eloquentes, escolheu-se o caminho de transferi-los para o interior, na esperança absurda de ainda encerrá-los em *Lager* menos ameaçados pelas frentes que avançavam, explorando-lhes as últimas capacidades de trabalho, e na outra esperança menos absurda de que o tormento daquelas marchas bíblicas reduzisse seu número. E, com efeito, o número foi espantosamente reduzido, mas alguns tiveram a fortuna e a força de sobreviver, e ficaram para testemunhar.

É menos conhecido e menos estudado o fato de que muitos portadores de segredo também se encontravam na outra parte, na parte dos opressores, embora muitos soubessem pouco e poucos soubessem tudo. Ninguém jamais conseguirá estabelecer com precisão quantos, no aparelho nazista, *não podiam deixar de saber* das atrocidades espantosas que eram cometidas; quantos sabiam alguma coisa, mas podiam fingir ignorância; quantos, ainda, tinham a possibilidade de saber tudo, mas escolheram o caminho mais prudente de tapar olhos e ouvidos (e sobretudo a boca). Seja como for, e já que não se pode supor que a maioria dos alemães aceitasse levianamente o massacre, é certo que a não difusão da verdade sobre os *Lager* constitui uma das maiores culpas coletivas do povo alemão e a mais aberta demonstração da vileza a que o terror hitleriano o tinha reduzido: uma vileza tornada hábito, e tão profunda que impedia os maridos de contar às mulheres, os pais aos filhos; sem a qual não se teria chegado aos maiores excessos, e a Europa e o mundo, hoje, seriam diferentes.

Sem dúvida, aqueles que conheciam a horrível verdade por serem (ou terem sido) responsáveis tinham fortes razões para calar; mas, como depositários do segredo, mesmo calando não tinham sempre a vida segura. É o que demonstra o caso de Stangl e dos outros carniceiros de Treblinka, que, após a insurreição e o desmantelamento daquele *Lager*, foram transferidos para uma das zonas de guerrilha mais perigosas.

A ignorância deliberada e o medo também calaram muitas potenciais testemunhas "civis" das infâmias dos *Lager*. Especialmente nos últimos anos de guerra, os *Lager* constituíam um sistema extenso, complexo e profundamente entrelaçado com a vida cotidiana do país; falou-se com razão de *univers concentrationnaire*, mas não se tratava de um universo fechado. Sociedades industriais grandes e pequenas, empresas agrícolas, fábricas de armamentos obtinham lucro da mão de obra quase gratuita fornecida pelos campos. Algumas exploravam os prisioneiros sem piedade, aceitando o princípio desumano (e também estúpido) dos SS, segundo o qual um prisioneiro valia por outro e, se morresse de cansaço, podia ser imediatamente substituído; outras, poucas, tentavam cautelosamente atenuar-lhes as penas. Outras indústrias, ou talvez as mesmas, lucravam com fornecimentos aos próprios *Lager*: madeira, materiais de construção, tecido para o uniforme listrado dos prisioneiros, vegetais desidratados para a sopa etc. Os fornos crematórios mesmos tinham sido projetados, construídos, montados e testados por uma empresa alemã, a Topf de Wiesbaden (ainda em atividade até 1975: construía fornos para uso civil, sem considerar oportuno modificar a razão social). É difícil pensar que o pessoal dessas empresas não se desse conta do significado expresso pela qualidade ou pela quantidade das mercadorias e dos equipamentos que eram encomendados pelos comandos SS. A mesma argumentação se pode fazer, e foi feita, em relação ao fornecimento do veneno empregado nas câmaras de gás de Auschwitz: o produto, substancialmente ácido cianídrico, há muitos anos era usado para a desinfecção dos porões de embarcações, mas o brusco aumento das encomendas a partir de 1942 não podia passar inobservado. Devia gerar dúvidas, e certamente as gerou, mas elas foram sufocadas pelo medo, pela avidez de lucro, pela cegueira e estupidez voluntária que mencionamos, e em alguns casos (provavelmente poucos) pela fanática obediência nazista.

É natural e óbvio que o material mais consistente para a reconstrução da verdade sobre os campos seja constituído pelas memórias dos sobreviventes. À parte a piedade e a indignação que suscitam, elas devem ser lidas com olho crítico. Para um conhecimento dos *Lager*, os *Lager* mesmos nem sempre eram um bom observatório: nas condições desumanas a que estavam submetidos, era raro que os prisioneiros pudessem adquirir uma visão de conjunto de seu universo. Podia acontecer, sobretudo àqueles que não compreendiam o alemão, que os prisioneiros não soubessem nem mesmo em qual ponto da Europa se achava o *Lager* em que estavam e ao qual tinham chegado após uma viagem massacrante e tortuosa em vagões lacrados. Não sabiam da existência de outros *Lager*, talvez a poucos quilômetros de distância. Não sabiam para quem trabalhavam. Não compreendiam o significado de certas imprevistas mudanças de condição e das transferências em massa. Cercado pela morte, muitas vezes o deportado não era capaz de avaliar a extensão do massacre que se desenrolava sob seus olhos. O companheiro que hoje tinha trabalhado a seu lado amanhã sumia: podia estar na barraca próxima ou ter sido varrido do mundo; não havia jeito de saber. Em suma, sentia-se dominado por um enorme edifício de violência e de ameaça, mas não podia daí construir uma representação porque seus olhos estavam presos ao solo pela carência de todos os minutos.

Esta carência condicionou os testemunhos, verbais ou escritos, dos prisioneiros "normais", dos não privilegiados, vale dizer, daqueles que constituíam o cerne dos campos e que só escaparam da morte por uma combinação de eventos improváveis. Eram maioria nos *Lager*, mas exígua minoria entre os sobreviventes: entre estes, são muitos mais numerosos aqueles que, no cativeiro, desfrutaram um privilégio qualquer. Numa distância de anos, hoje se pode bem afirmar que a história dos *Lager* foi escrita quase exclusivamente por aqueles que, como eu próprio, não tatearam seu fundo. Quem o fez não voltou, ou então sua capacidade de observação ficou paralisada pelo sofrimento e pela incompreensão.

Por outro lado, as testemunhas "privilegiadas" dispunham de um observatório certamente melhor, principalmente porque estava situado mais no alto e, portanto, dominava um horizonte mais amplo; mas era também falseado em maior ou menor medida pelo próprio privilégio. A argumentação sobre o privilégio (não só no *Lager*!) é delicada, e tentarei desenvolvê-la mais adiante com a máxima objetividade possível: mencionarei aqui somente o fato de que os privilegiados por excelência, ou seja, aqueles que obtiveram o privilégio submetendo-se à autoridade do campo, não testemunharam em absoluto, por motivos óbvios, ou então deixaram testemunhos lacunosos, distorcidos ou totalmente falsos. Os melhores historiadores dos *Lager*, assim, surgiram entre os pouquíssimos que tiveram a habilidade e a fortuna de alcançar um observatório privilegiado sem se dobrarem a compromissos, bem como a capacidade de narrar tudo o que viram, sofreram e fizeram com a humildade do bom cronista, ou seja, considerando a complexidade do fenômeno *Lager* e a variedade dos destinos humanos que ali se registrava. Estava na lógica das coisas que estes historiadores fossem quase todos prisioneiros políticos: e isto porque os *Lager* eram um fenômeno político; porque os presos políticos, muito mais do que os judeus e do que os criminosos (eram estas, como se sabe, as três categorias principais de prisioneiros), podiam dispor de um substrato cultural que lhes permitia interpretar os fatos a que assistiam; porque, justamente na qualidade de ex-combatentes, ou ainda de combatentes antifascistas, se davam conta de que um testemunho era um ato de guerra contra o fascismo; porque tinham acesso mais fácil aos dados estatísticos; e, enfim, porque muitas vezes, além de desempenharem funções importantes nos *Lager*, eram membros das organizações secretas de defesa. Pelo menos nos últimos anos, suas condições de vida eram toleráveis, permitindo-lhes, por exemplo, escrever e conservar anotações; coisa que não era imaginável para os judeus e que os criminosos não tinham interesse em fazer.

Por todos os motivos aqui expostos, a verdade sobre os *Lager* veio à luz através de um caminho longo e de uma porta estreita, e muitos aspectos do universo concentracionário ainda não foram aprofundados. Já transcorreram mais de quarenta anos desde a libertação dos *Lager* nazistas; este considerável intervalo suscitou, em termos de esclarecimento, efeitos diferenciados, que buscarei arrolar.

Houve, em primeiro lugar, a decantação, processo desejável e normal, graças ao qual os fatos históricos só adquirem suas linhas e sua perspectiva alguns decênios após sua conclusão. No fim da Segunda Guerra Mundial, os dados quantitativos sobre as deportações e sobre os massacres nazistas, nos *Lager* e em outros lugares, não estavam disponíveis, nem era fácil entender seu alcance e sua especificidade. Somente há poucos anos se veio a compreender que o massacre nazista foi tremendamente "exemplar" e que, se um outro pior não acontecer nos próximos anos, ele será lembrado como o fato central, como a mancha deste século.

Num sentido contrário, o decorrer do tempo está provocando outros efeitos historicamente negativos. A maior parte das testemunhas, de defesa e de acusação, já desapareceram, e aqueles que restam e ainda (superando seus remorsos ou então suas feridas) concordam em teste- munhar dispõem de lembranças cada vez mais desfocadas e estilizadas; frequentemente, sem que o saibam, lembranças influenciadas por notícias divulgadas mais tarde, por leituras ou por narrações alheias. Em alguns casos, naturalmente, a desmemória é simulada, mas os muitos anos transcorridos lhe dão crédito, mesmo em juízo: os "não sei" ou os "não sabia", proferidos hoje por muitos alemães, não mais escandalizam, ao passo que escandalizavam, ou deviam escandalizar, quando os fatos eram recentes.

Por uma outra estilização somos responsáveis nós mesmos, nós sobreviventes, ou, mais precisamente, aqueles entre nós que aceitaram viver sua condição de sobreviventes do modo mais simples e menos crítico. Não é certo que as cerimônias e as celebrações, os monumentos e as bandeiras sejam sempre e por toda parte deploráveis. Talvez seja indispensável uma certa dose de retórica para que dure a memória. Era verdade no tempo de Foscolo e é verdade ainda hoje que os sepulcros, "as urnas dos fortes", predispõem os espíritos a coisas sublimes ou, pelo menos, conservam a memória dos feitos passados; mas é preciso ter cau- tela com as simplificações excessivas. Toda vítima deve ser lamentada e todo sobrevivente deve ser ajudado e visto com compaixão, mas nem todos os seus comportamentos devem ser propostos como exemplo. O interior dos *Lager* era um microcosmo intrincado e estratificado; a "zona cinzenta" da qual falarei mais adiante, aquela dos prisioneiros que em alguma medida, talvez com boa intenção, colaboraram com a autoridade, não era tênue, constituindo, antes, um fenômeno de fundamental importância para o historiador, o psicólogo e o sociólogo. Não há prisioneiro que não o recorde, e que não recorde seu espanto de então: as primeiras ameaças, os primeiros insultos, os primeiros golpes não vinham dos SS, mas de outros prisioneiros, de "colegas", daqueles misteriosos personagens que também vestiam o mesmo uniforme de listras recém-vestido pelos novatos.

Este livro pretende contribuir para o esclarecimento de alguns aspectos do fenômeno *Lager* que ainda são obscuros. Propõe também um fim mais ambicioso; deseja responder à pergunta mais urgente, à pergunta que angustia todos aqueles que tiveram oportunidade de ler nossas narrativas: em que medida o mundo concentracionário morreu e não retornará mais, como a escravidão e o código dos duelos? Em que medida retornou ou está retornando? Que pode fazer cada um de nós para que, neste mundo pleno de ameaças, pelo menos esta ameaça seja anulada?

Não tive intenção, nem seria capaz, de fazer uma obra de historiador, isto é, de examinar exaustivamente as fontes. Limitei-me quase exclusivamente aos *Lager* nacional-socialistas, porque só destes tive experiência direta: deles tive também uma grande experiência indireta, através dos livros lidos, das narrativas ouvidas e dos encontros com os leitores de meus primeiros dois livros. Além disto, até o momento em que escrevo, e não obstante o horror de Hiroshima e Nagasaki, a vergonha dos Gulags, a inútil e sangrenta campanha do Vietnã, o autogenocídio cambojano, os desaparecidos na Argentina e as muitas guerras atrozes e estúpidas às quais em seguida assistimos, o sistema concentracionário nazista permanece ainda um *unicum*, em termos quantitativos e qualitativos. Em nenhum outro tempo e lugar se assistiu a um fenômeno tão imprevisto e tão complexo: jamais tantas vidas humanas foram eliminadas num tempo tão breve, e com uma tão lúcida combinação de engenho tecnológico, de fanatismo e de crueldade. Ninguém absolve os conquistadores espanhóis pelos massacres por eles perpetrados na América durante todo o século XVI. Parece que provocaram a morte de pelo menos sessenta milhões de índios; mas agiam por vontade própria, sem ou contra as diretrizes de seu governo; diluíram seus crimes, na verdade muito pouco "planejados", por um arco de mais de cem anos; e foram ajudados pelas epidemias que involuntariamente trouxeram consigo. E, por fim, não tínhamos tentado nos livrar disso, alegando que eram "coisas de outros tempos"?

I

A MEMÓRIA DA OFENSA

A memória humana é um instrumento maravilhoso, mas falaz. Esta é uma verdade gasta, conhecida não só pelos psicólogos, mas também por qualquer um que tenha prestado atenção ao comportamento de quem o rodeia, ou a seu próprio comportamento. As recordações que jazem em nós não estão inscritas na pedra; não só tendem a apagar-se com os anos, mas muitas vezes se modificam ou mesmo aumentam, incorporando elementos estranhos. Sabem-no bem os magistrados: quase nunca sucede que duas testemunhas oculares do mesmo fato o descrevam do mesmo modo e com as mesmas palavras, ainda que o fato seja recente e nenhum dos dois tenha interesse em deformá-lo. Esta escassa confiabilidade de nossas recordações só será explicada de modo satisfatório quando soubermos em qual linguagem, em qual alfabeto elas são escritas, sobre qual material, com qual instrumento: ainda hoje, é uma meta de que estamos longe. Conhecem-se alguns mecanismos que falsificam a memória em condições particulares: os traumas, não apenas os cerebrais; a interferência de outras recordações "concorrentes"; estados anormais da consciência; repressões; recalques. Todavia, mesmo em condições normais desenrola-se uma lenta degradação, um ofuscamento dos contornos, um esquecimento por assim dizer natural, a que poucas recordações resistem. É provável que aqui se possa reconhecer uma das grandes forças da natureza, aquela mesma que degrada a ordem em desordem, a juventude em velhice e apaga a vida com a morte. É certo que o exercício (neste caso, a evocação frequente) mantém a recordação fresca e viva, assim como se mantém eficiente um músculo exercitado muitas vezes; mas é também verdade que uma recordação evocada com excessiva frequência, e expressa em forma narrativa, tende a fixar-se num estereótipo, numa forma aprovada pela experiência, cristalizada, aperfeiçoada, ataviada, que se instala no lugar da recordação não trabalhada e cresce à sua custa.

Quero examinar aqui as recordações de experiências extremas, de ofensas sofridas ou infligidas. Neste caso atuam todos ou quase todos os fatores que podem obliterar ou deformar o registro mnemônico: a recordação de um trauma, sofrido ou infligido, é também traumática, porque evocá-la dói ou pelo menos perturba: quem foi ferido tende a cancelar a recordação para não renovar a dor; quem feriu expulsa a recordação até as camadas profundas para dela se livrar, para atenuar seu sentimento de culpa.

Aqui, como em outros fenômenos, encontramo-nos diante de uma analogia paradoxal entre vítima e opressor, e importa ser claro: os dois estão na mesma armadilha, mas é o opressor, e só ele, quem a preparou e fez disparar, e, se sofre com isto, é justo que sofra; e é iníquo que com isto sofra a vítima, como efetivamente sofre, mesmo numa distância de decênios. Mais uma vez se deve constatar, com pesar, que a ofensa é insanável: arrasta-se no tempo, e as Erínias, em quem é preciso também crer, não atribulam só o atormentador (se é que o atribulam, ajudadas ou não pela punição humana), mas perpetuam a obra deste, negando a paz ao atormentado. Não se leem sem espanto as palavras escritas por Jean Améry, o filósofo austríaco torturado pela Gestapo por militar na resistência belga e depois deportado para Auschwitz por ser judeu:

> Quem foi torturado permanece torturado. (...)
> Quem sofreu o tormento não poderá mais ambientar-se no mundo, a miséria do aniquilamento jamais se extingue. A confiança na humanidade, já abalada pelo primeiro tapa no rosto, demolida posteriormente pela tortura, não se readquire mais.

Para ele, a tortura foi uma morte interminável: Améry, sobre quem voltarei a falar no capítulo sexto, se matou em 1978.

Não queremos confusões, freudismos vulgares, morbosidade, indulgência. O opressor continua como tal, tanto quanto a vítima: não são intercambiáveis, o primeiro deve ser punido e execrado (mas, se possível, compreendido), a segunda deve ser lamentada e ajudada; mas ambos, em face da indecência do fato que foi irrevogavelmente cometido, têm necessidade de refúgio e de defesa, indo instintivamente em busca disso. Não todos, mas a maioria; e com frequência por toda a sua vida.

Já dispomos de inúmeras confissões, depoimentos, admissões por parte dos opressores (não falo só dos nacional-socialistas alemães, mas de todos aqueles que cometeram delitos horrendos e múltiplos por obediência a uma disciplina): alguns prestados em juízo, outros no decorrer de entrevistas, outros ainda contidos em livros ou em memórias. A meu ver, são documentos de extrema importância. Em geral, pouco interessam as descrições das coisas vistas e dos atos realizados: elas coincidem amplamente com aquilo que foi narrado pelas vítimas; muito raramente são contestadas – passaram em julgado e já fazem parte da História. Muitas vezes são dadas como conhecidas. São muito mais importantes as motivações e as justificações: por que você fez isso? Você se dava conta de que cometia um delito?

As respostas a essas duas perguntas, ou a outras, análogas, são muito semelhantes entre si, independentemente da personalidade do interrogado, seja ele um profissional ambicioso e inteligente como Speer, um gélido fanático como Eichmann, um funcionário de visão curta como Stangl, de Treblinka, e Höss, de Auschwitz, ou uma besta obtusa como Boger e Kaduk, inventores de métodos de tortura. Expressas com formulações diversas, e com maior ou menor insolência segundo o nível mental e cultural de quem fala, elas terminam por dizer substancialmente a mesma coisa: fiz porque me mandaram; outros (meus superiores) cometeram ações piores que as minhas; dada a educação que recebi e dado o ambiente em que vivi, não podia fazer outra coisa; se não o tivesse feito, outro agiria com maior dureza em meu lugar. Para quem lê estas justificações, o primeiro movimento é de asco: eles mentem, não podem acreditar que se acredite neles, não podem deixar de ver o desequilíbrio entre suas desculpas e a dimensão de dor e morte que provocaram. Mentem sabendo que mentem: estão de má-fé.

Ora, todo aquele que tenha suficiente experiência das coisas humanas sabe que a distinção (a oposição, diria um linguista) boa-fé/má-fé é otimista e iluminista, e o é ainda mais, e com muito mais razão, se aplicada a homens como aqueles recém-nomeados. Pressupõe uma clareza mental que é de poucos e que mesmo estes poucos perdem imediatamente quando, por um motivo qualquer, a realidade passada ou presente provoca neles ânsia ou mal-estar. Nessas condições, existe decerto quem minta de modo consciente, falsificando friamente a própria realidade, mas são inúmeros aqueles que levantam âncoras, afastam-se, momentaneamente ou para sempre, das recordações genuínas e fabricam uma realidade conveniente. Para eles, o passado pesa; experimentam repugnância pelas coisas feitas ou sofridas e tendem a substituí-las por outras. A substituição pode começar em plena consciência, com um cenário inventado, mendaz, restaurado, mas menos penoso do que o real; repetindo sua descrição, para outros mas também para si mesmos, a distinção entre verdadeiro e falso perde progressivamente suas linhas, e o homem termina por acreditar plenamente na narrativa que fez tão frequentemente e que ainda continua a fazer, podando e retocando aqui e ali os detalhes menos plausíveis, ou incongruentes entre si, ou ainda incompatíveis com o quadro dos acontecimentos sabidos: a má-fé inicial tornou-se boa-fé. A passagem silenciosa da mentira para o autoengano é útil: quem mente de boa-fé mente melhor, desempenha melhor seu papel, adquire mais facilmente a confiança do juiz, do historiador, do leitor, da mulher, dos filhos.

Quanto mais se afastam os eventos, mais se completa e aperfeiçoa a construção da verdade de conveniência. Acredito que só através desse mecanismo mental se possam interpretar, por exemplo, as declarações feitas à revista *L'Express*, em 1978, por Louis Darquier de Pellepoix, ex--comissário encarregado das questões judaicas do governo de Vichy por volta de 1942, e, como tal, responsável pessoalmente pela deportação de setenta mil judeus. Darquier nega tudo: as fotografias das pilhas de cadáveres são montagens; as estatísticas dos milhões de mortos foram fabricadas pelos judeus, sempre ávidos de publicidade, de comiseração e de indenizações; talvez tenha havido deportações (ser-lhe-ia difícil contestá-

-las: sua assinatura está aposta em muitos ofícios que dispõem sobre as próprias deportações, inclusive de crianças), mas ele não sabia para onde nem com qual desfecho; em Auschwitz havia decerto câmaras de gás, mas só serviam para matar piolhos e, de resto (note-se a coerência!), foram construídas com objetivo de propaganda após o fim da guerra. Não pretendo justificar esse homem vil e estúpido, e me dói saber que viveu por longo tempo sem problemas na Espanha, mas me parece possível nele detectar o caso típico de quem, acostumado a mentir publicamente, termina por mentir também privadamente, inclusive a si mesmo, e por edificar uma verdade confortável que lhe permite viver em paz. Manter separadas a boa e a má-fé é custoso: requer uma profunda sinceridade consigo mesmo, exige um esforço contínuo, intelectual e moral. Como se pode supor esse esforço por parte de homens como Darquier?

Quando se leem as declarações feitas por Eichmann durante o processo de Jerusalém, bem como as de Rudolf Höss (o penúltimo comandante de Auschwitz, o inventor das câmaras com ácido cianídrico) em sua autobiografia, nelas se reconhece um processo de elaboração do passado mais sutil do que aquele ora mencionado. Em substância, ambos se defenderam do modo clássico dos sequazes nazistas, ou melhor, de todos os sequazes: fomos educados para a obediência absoluta, a hierarquia, o nacionalismo; fomos embriagados de *slogans*, encharcados de cerimônias e manifestações; ensinaram-nos que a única justiça era aquela que servia a nosso povo, e a única verdade eram as palavras do Chefe. O que queriam de nós? Como podem esperar de nós, depois de tudo, um comportamento diferente daquele que foi o nosso e o de todos os que eram como nós? Fomos executores diligentes e, por nossa diligência, fomos louvados e promovidos. As decisões não foram nossas, porque o regime no qual crescemos não nos concedia decisões autônomas: outros decidiram por nós, nem podia ser diferente, porque nos fora tolhida a capacidade de decidir. Não só nos fora proibido decidir, mas havíamo-nos tornado incapazes para tanto. Por isto, não somos responsáveis e não podemos ser punidos.

Ainda que projetada no contexto das chaminés de Birkenau, essa argumentação não pode ser tomada como fruto de pura imprudência. A pressão que um moderno Estado totalitário pode exercer sobre o indivíduo é tremenda. Suas armas são substancialmente três: a propaganda direta ou dissimulada pela educação, pela instrução, pela cultura popular; o impedimento oposto ao pluralismo das informações; o terror. Todavia, não é lícito admitir que essa pressão seja irresistível, muito menos no breve período dos doze anos do Terceiro Reich: nas afirmações e nas desculpas de homens com gravíssimas responsabilidades, como Höss e Eichmann, é patente o exagero e, mais ainda, a manipulação da recordação. Ambos nasceram e se educaram muito antes que o Reich se tornasse verdadeiramente "totalitário", e sua adesão havia sido uma escolha, ditada mais pelo oportunismo do que pelo entusiasmo. A reelaboração de seu passado foi obra posterior, lenta e (provavelmente) não metódica. Perguntar se tenha sido feita de boa ou má-fé é ingênuo. Também eles, tão fortes diante da dor alheia, quando o destino os colocou diante dos juízes, diante da morte que mereceram, construíram um passado de conveniência e terminaram por acreditar nele: de modo especial Höss, que não era um homem sutil. Como se depreende de seu texto, era antes um personagem tão pouco propenso ao autocontrole e à introspecção que não se dá conta de confirmar seu grosseiro antissemitismo no momento mesmo em que o nega e o renega, bem como não percebe quão viscoso é seu autorretrato de bom funcionário, pai e marido.

A propósito destas reconstruções do passado (mas não só dessas: é uma observação que vale para todas as memórias), deve-se observar que a distorção dos fatos muitas vezes é limitada pela objetividade dos próprios fatos, em torno dos quais existem testemunhos de terceiros, documentos, "corpos de delito", contextos historicamente definidos. Geralmente é difícil negar que se tenha cometido uma dada ação, ou que tal ação tenha ocorrido; ao contrário, é facílimo alterar as motivações que nos induzem a uma ação, assim como paixões que em nós acompanharam a ação mesma. Esta é matéria extremamente fluida, sujeita a deformar-se sob forças até muito débeis; para as perguntas – "por que você fez isso?" ou: "ao fazer, em que pensava?" – não existem respostas confiáveis, porque os estados de ânimo são voláteis por natureza, e ainda mais volátil é sua memória.

Como caso-limite da deformação da recordação de um crime cometido, existe sua supressão. Também aqui o limite entre boa e má-fé pode ser vago; por trás dos "não sei" e dos "não me lembro" que se ouvem nos tribunais, às vezes há o propósito definido de mentir, mas outras vezes se trata de uma mentira fossilizada, enrijecida numa fórmula. O portador da recordação quis tornar-se um não portador e conseguiu: à força de negar sua existência, expulsou de si a recordação nociva como se expele uma excreção ou um parasita. Os advogados de defesa bem sabem que o vazio de memória ou a verdade putativa que sugerem a seus clientes tendem a se tornar esquecimento e verdade efetiva. Não é preciso penetrar na patologia mental para encontrar exemplares humanos cujas afirmações nos deixam perplexos: são certamente falsas, mas não conseguimos distinguir se o sujeito sabe ou não que mente. Supondo por absurdo que o mentiroso se torne veraz por um instante, ele mesmo não saberia responder ao dilema; no ato em que mente, é um ator totalmente envolvido com seu personagem, não se pode mais distingui-los. É um exemplo patente disso, nos dias em que escrevo, o comportamento do turco Ali Agca no tribunal, autor do atentado contra João Paulo II.

O melhor modo para defender-se da invasão de memórias difíceis é impedir seu ingresso, estender um cordão sanitário ao longo do limite. É mais fácil vetar o ingresso a uma recordação do que dela se livrar depois de registrada. Para isso, em substância, serviam muitos dos artifícios imaginados pelos comandos nazistas a fim de proteger a consciência dos responsáveis pelos trabalhos sujos e de assegurar seus serviços, desprezíveis inclusive para os sicários mais endurecidos. Aos *Einsatzkommandos*, que nas retaguardas da frente russa metralhavam os civis à beira das valas comuns que as próprias vítimas eram obrigadas a cavar, era distribuído álcool à vontade, de modo que o massacre fosse encoberto pela embriaguez. Os eufemismos bem conhecidos ("solução final", "tratamento especial", o próprio termo *Einsatzkommando* recém-citado, que literalmente significava "unidade de pronta utilização", mas mascarava uma realidade espantosa) não serviam só para iludir as vítimas e prevenir suas reações de defesa: também valiam, nos limites do possível, para impedir que a opinião pública, bem como os próprios destacamentos das forças armadas não diretamente implicados, tivessem conhecimento do que ocorria em todos os territórios ocupados pelo Terceiro Reich.

De resto, toda a história do curto "Reich Milenar" pode ser relida como guerra contra a memória, falsificação orwelliana da memória, falsificação da realidade, negação da realidade, até o ponto de fuga definitiva da realidade mesma. Todas as biografias de Hitler, discrepantes quanto à interpretação a ser dada à vida desse homem tão difícil de classificar, concordam sobre a fuga da realidade que assinalou seus últimos anos, sobretudo a partir do primeiro inverno russo. Tinha proibido e negado aos súditos o acesso à verdade, conspurcando sua moral e sua memória; mas, em medida progressivamente crescente até a paranoia do *Bunker*, barrara o caminho da verdade também para si mesmo. Como todos os jogadores de azar, construíra em torno de si um cenário tecido de mentiras supersticiosas, no qual terminara por crer com a mesma fé fanática que esperava de todo alemão. Seu colapso não foi só uma salvação para o gênero humano, mas também uma demonstração do preço que se paga quando se conspurca a verdade.

Também no campo bem mais amplo das vítimas se observa uma derivação da memória, mas aqui, evidentemente, falta o dolo. Quem recebe uma injustiça ou uma ofensa não tem necessidade de elaborar mentiras para se desculpar de uma culpa que não tem (embora, por um mecanismo paradoxal que mencionaremos, possa acontecer que experimente vergonha); mas isto não exclui que mesmo suas recordações possam ser alteradas. Observou-se, por exemplo, que muitos sobreviventes de guerras ou de outras experiências complexas e traumáticas tendem a filtrar inconscientemente suas recordações: evocando-as entre eles mesmos ou narrando-as a terceiros, preferem deter-se nas tréguas, nos momentos de alívio, nos interlúdios grotescos, estranhos ou relaxados, esquivando-se dos episódios mais dolorosos. Estes últimos não são trazidos de bom grado do magma da memória e, por isto, tendem a enevoar-se com o tempo, a perder seus contornos. É psicologicamente digno de crédito o comportamento do Conde Ugolino, que experimenta um retraimento ao narrar a Dante sua morte terrível, induzindo-se a fazê-lo não por complacência, mas só por vingança póstuma contra seu eterno inimigo. Quando dizemos: "jamais esquecerei isto", referindo-nos a um evento qualquer que nos feriu profundamente, mas que não deixou em nós ou em torno de nós uma marca material ou uma ausência permanente, somos precipitados: mesmo na vida "civil", esquecemos de bom grado os particulares de uma doença grave de que nos curamos, ou de uma operação cirúrgica bem-sucedida.

Com o objetivo de defesa, a realidade pode ser distorcida não só na recordação, mas no ato mesmo em que se verifica. Durante todo o ano de meu encarceramento em Auschwitz, tive como amigo fraterno Alberto D.: era um jovem robusto e corajoso, mais perspicaz do que a média, e, por isso, bastante crítico em relação aos tantos que fabricavam, para ministrarem-se reciprocamente, ilusões consolatórias ("a guerra terminará em duas semanas", "não haverá mais seleções", "os ingleses desembarcaram na Grécia", "os poloneses da Resistência estão para libertar o campo", e assim por diante: eram boatos que corriam quase todo dia, pontualmente desmentidos pela realidade). Alberto tinha sido deportado junto com o pai, de quarenta e cinco anos. Na iminência da grande seleção de outubro de 1944, Alberto e eu tínhamos comentado o fato com terror, cólera impotente, rebelião, resignação, mas sem buscar refúgio em verdades consolatórias. Veio a seleção, o "velho" pai de Alberto foi escolhido para o gás, e Alberto mudou em poucas horas. Havia ouvido notícias que lhe pareciam dignas de fé: os russos estavam perto, os alemães não mais ousariam persistir no extermínio, aquela não era uma seleção como as outras, não era para as câmaras de gás, fora feita para escolher os prisioneiros debilitados mas recuperáveis, como seu pai, exatamente, que estava muito enfraquecido mas não enfermo; ao contrário, ele sabia até para onde os teriam mandado, para Jaworzno, não muito longe, para um campo especial destinado a convalescentes capazes só de trabalhos leves.

Naturalmente, seu pai não mais foi visto, e o próprio Alberto desapareceu durante a marcha de desocupação do campo, em janeiro de 1945. Estranhamente, sem saber do comportamento de Alberto, também seus parentes, que tinham ficado escondidos na Itália evitando a captura, se conduziram como ele, recusando a verdade insuportável e construindo uma outra. Assim que fui repatriado, julguei um dever ir logo à cidade de Alberto, para expor à mãe e ao irmão tudo o que sabia. Fui recebido com afetuosa cortesia, mas, logo depois de começar minha narrativa, a mãe me suplicou que parasse: ela já sabia tudo, pelo menos no tocante a Alberto, e era inútil repetir-lhe as costumeiras histórias de horror. Ela *sabia* que o filho, só ele, tinha conseguido afastar-se da coluna sem que os SS o metralhassem, tinha se escondido na floresta e estava ileso nas mãos dos russos; ainda não pudera mandar notícias, coisa que logo faria, ela estava certa; e agora, que por favor eu mudasse de assunto e lhe narrasse como eu mesmo havia sobrevivido. Um ano depois passei casualmente por aquela cidade e visitei de novo a família. A verdade mudara levemente: Alberto estava numa clínica soviética, estava bem, mas tinha perdido a memória, não recordava nem mesmo seu nome; mas começara a melhorar e retornaria logo, ela o sabia de fonte segura.

Alberto jamais retornou. Passaram-se mais de quarenta anos; não mais tive a coragem de voltar e contrapor minha verdade dolorosa à "verdade" consolatória que, ajudando-se mutuamente, os familiares de Alberto construíram.

Uma defesa é necessária. Este mesmo livro está embebido de memória: ainda por cima, de uma memória distante. Serve-se, portanto, de uma fonte suspeita, e deve ser defendido contra si mesmo. Daí que contenha mais considerações do que lembranças, se detém de boa vontade mais no estado das coisas tal como é hoje do que na crônica retrospectiva. Além disso, os dados que contém estão fortemente escorados pela imponente literatura que veio a se formar sobre o tema do homem desaparecido (ou "salvo"), inclusive com a colaboração, voluntária ou não, dos culpados de então; e neste *corpus* a concordância é abundante, a discordância é mínima. Quanto a minhas recordações pessoais e aos poucos episódios inéditos que citei e citarei, examinei-os todos com cuidado: o tempo os desbotou um pouco, mas não destoam do contexto e me parecem a salvo das derivações que descrevi.

II
A ZONA CINZENTA

Fomos capazes, nós sobreviventes, de compreender e de fazer compreender nossa experiência? Aquilo que comumente entendemos por "compreender" coincide com "simplificar": sem uma profunda simplificação, o mundo a nosso redor seria um emaranhado infinito e indefinido, que desafiaria nossa capacidade de nos orientar e decidir nossas ações. Em suma, somos obrigados a reduzir o cognoscível a um esquema: tendem a este objetivo os admiráveis instrumentos que construímos no curso da evolução e que são específicos do gênero humano, a linguagem e o pensamento conceitual.

Tendemos a simplificar inclusive a história; mas nem sempre o esquema no qual se ordenam os fatos se pode determinar de modo unívoco, e pode ocorrer, pois, que historiadores diferentes compreendam e construam a história de modos incompatíveis entre si; todavia, é tão forte em nós – talvez por razões que remontam a nossas origens de animais sociais – a exigência de dividir o campo entre "nós" e "eles", que este esquema, a bipartição amigo-inimigo, prevalece sobre todos os outros. A história popular, e também a história tal como é tradicionalmente ensinada nas escolas, se ressentem dessa tendência maniqueísta que evita os meios-tons e a complexidade: são propensas a reduzir a torrente dos acontecimentos humanos aos conflitos, e os conflitos a duelos, nós e eles, os atenienses e os espartanos, os romanos e os cartagineses. Decerto, este é o motivo da enorme popularidade dos esportes espetaculares, como o futebol, o beisebol e o pugilismo, nos quais os contendores são dois times ou dois indivíduos, bem distintos e identificáveis, e no fim da partida haverá os derrotados e os vencedores. Se o resultado é o empate, o espectador se sente fraudado e desiludido: num nível mais ou menos inconsciente, ansiava por vencedores e perdedores, identificando-os respectivamente com os bons e os maus, porque são os bons que devem levar a melhor, senão o mundo estaria de pernas para o ar.

Esse *desejo* de simplificação é justificado, a simplificação nem sempre o é. É uma hipótese de trabalho, útil na medida em que seja reconhecida como tal e não confundida com a realidade; a maior parte dos fenômenos históricos e naturais não é simples ou, pelo menos, não tem a simplicidade que nos agradaria. Ora, não era simples a rede das relações humanas no interior dos *Lager*: não se podia reduzi-la a dois blocos, o das vítimas e o dos opressores. Em quem lê (ou escreve) hoje a história dos *Lager* é evidente a tendência, ou melhor, a necessidade de dividir o bem e o mal, de poder assumir um lado, de repetir o gesto do Cristo no Juízo Universal: aqui os justos, lá os réprobos. Os jovens, sobretudo, pedem clareza, o corte nítido; sendo escassa sua experiência do mundo, eles não amam a ambiguidade. Sua expectativa, de resto, reproduz com exatidão aquela dos recém-chegados ao *Lager*, jovens ou não: todos, com exceção de quem já tivesse atravessado uma experiência análoga, esperavam encontrar um mundo terrível mas decifrável, de acordo com aquele modelo simples que atavicamente trazemos conosco, "nós" dentro e o inimigo fora, separados por um limite nítido, geográfico.

Ao contrário, o ingresso no *Lager* constituía um choque em razão da surpresa que implicava. O mundo no qual se precipitava era decerto terrível, mas também indecifrável: não era conforme a nenhum modelo, o inimigo estava ao redor mas também dentro, o "nós" perdia seus limites, os contendores não eram dois, não se distinguia uma fronteira mas muitas e confusas, talvez inúmeras, separando cada um do outro. Entrava-se esperando pelo menos a solidariedade dos companheiros de desventura, mas os aliados esperados, salvo casos especiais, não existiam; existiam, ao contrário, mil mônadas impermeáveis e, entre elas, uma luta desesperada, oculta e contínua. Esta revelação brusca, que se manifestava desde as primeiras horas de cativeiro, muitas vezes sob a forma imediata de uma agressão concêntrica por parte daqueles em que se esperava encontrar os futuros aliados, era tão dura que logo derrubava a capacidade de resistir. Para muitos foi mortal, indiretamente ou até diretamente: é difícil defender-se de um golpe para o qual não se está preparado.

Nessa agressão se podem distinguir diversos aspectos. É preciso recordar que o sistema concentracionário, desde suas origens (que coincidem com a subida do nazismo ao poder na Alemanha), tinha o objetivo primário de romper a capacidade de resistência dos adversários: para a direção do campo, o recém-chegado era um adversário por definição, qualquer que fosse a etiqueta que lhe tivesse sido afixada, e devia ser demolido imediatamente para que não se tornasse um exemplo ou um germe de resistência organizada. Neste ponto os SS tinham ideias claras e, sob este aspecto, deve-se interpretar todo o sinistro ritual, diferente de *Lager* para *Lager* mas único na substância, que acompanhava o ingresso; os chutes e os murros desde logo, muitas vezes no rosto; a orgia de ordens gritadas com cólera autêntica ou simulada; o desnudamento total; a raspagem dos cabelos; a vestimenta de farrapos. É difícil dizer se todas essas particularidades foram estabelecidas por algum especialista ou aperfeiçoadas metodicamente com base na experiência, mas por certo eram deliberadas e não casuais: uma direção havia, e era aparatosa.

Mas para o ritual do ingresso e o colapso moral que ele propiciava contribuíam também, mais ou menos conscientemente, os outros componentes do mundo concentracionário; os prisioneiros simples e os privilegiados. Raramente sucedia que o recém-chegado fosse acolhido, não digo como um amigo, mas pelo menos como um companheiro de infortúnio; na maior parte dos casos, os velhos (e se virava velho em três ou quatro meses: a transformação era rápida!) manifestavam aborrecimento ou mesmo hostilidade. O "novato" (*Zugang*: observe-se que em alemão é um termo abstrato, administrativo; significa "ingresso", "entrada") era invejado porque parecia trazer ainda consigo o cheiro de sua casa, e era uma inveja absurda, já que, com efeito, se sofria muito mais nos primeiros dias de cativeiro do que depois, quando o costume, por uma parte, e a experiência, por outra, permitiam que se construíssem defesas. Era submetido a zombarias e a brincadeiras cruéis, como acontece em todas as comunidades com os "conscritos" e os "calouros", bem como nas cerimônias de iniciação dos povos primitivos: e não há dúvida de que a vida no *Lager* comportava uma regressão, acarretava comportamentos – precisamente – primitivos.

É provável que a hostilidade para com o *Zugang* fosse substancialmente motivada como todas as outras intolerâncias, ou seja, consistisse numa tentativa inconsciente de consolidar o "nós" à custa dos "outros", de criar, em suma, aquela solidariedade entre os oprimidos, cuja ausência era fonte de sofrimento adicional, mesmo que não percebida diretamente. Entrava em jogo também a busca do prestígio, que em nossa sociedade parece ser uma necessidade insuprimível: a multidão desprezada dos velhos prisioneiros tendia a reconhecer no recém-chegado um alvo sobre o qual desafogar a humilhação, a encontrar à sua custa uma compensação, a construir a suas expensas um indivíduo de nível mais baixo sobre o qual despejar o peso das ofensas recebidas do alto.

No tocante aos prisioneiros privilegiados, o raciocínio é mais complexo e até mais importante: a meu ver, é fundamental. É ingênuo, absurdo e historicamente falso julgar que um sistema infernal, como o nacional-socialismo, santifique suas vítimas: ao contrário, ele as degrada, assimila-as a si, e isto tanto mais quanto elas sejam disponíveis, ingênuas, carentes de uma estrutura política ou moral. Muitos sinais indicam que parece ter chegado o tempo de explorar o espaço que separa (não só nos *Lager* nazistas!) as vítimas dos opressores, e de fazê-lo com a mão mais ágil e o espírito menos turvo do que se fez, por exemplo, em alguns filmes. Só uma retórica esquemática pode sustentar que esse espaço seja vazio: jamais o é, está coalhado de figuras torpes ou patéticas (às vezes possuem as duas qualidades ao mesmo tempo), que é indispensável conhecer se quisermos conhecer a espécie humana, se quisermos saber defender nossas almas quando uma prova análoga se apresentar novamente, ou se somente quisermos nos dar conta daquilo que ocorre num grande estabelecimento industrial.

Os prisioneiros privilegiados eram minoritários na população dos *Lager*, mas representam, ao contrário, uma forte maioria entre os sobreviventes; de fato, ainda que não se leve em conta o cansaço, os golpes, o frio, as doenças, deve-se lembrar que a ração alimentar era nitidamente insuficiente até para o prisioneiro mais sóbrio: gastas em dois ou três meses as reservas fisiológicas do organismo, a morte por fome, ou por doenças induzidas pela fome, era o destino normal do prisioneiro. Podia ser evitada apenas com um suplemento alimentar e, para obtê-lo, era preciso dispor de um privilégio, grande ou pequeno; em outras palavras, um jeito, *octroyé* ou conquistado, astuto ou violento, lícito ou ilícito, de estar acima da norma.

Ora, não se pode esquecer que a maior parte das recordações dos sobreviventes, narradas ou escritas, começa assim: o choque contra a realidade concentracionária coincide com a agressão, não prevista e não compreendida, por parte de um inimigo novo e estranho, o prisioneiro-funcionário, que, ao invés de lhe pegar a mão, tranquilizá-lo, ensinar-lhe o caminho, se arroja sobre você gritando numa língua desconhecida e lhe golpeia o rosto. Ele quer domá-lo, quer apagar a centelha de dignidade que você talvez ainda conserve e que ele perdeu. Mas você estará perdido se esta sua dignidade o levar a reagir: esta é uma lei não escrita mas férrea, o *zurückschlagen*, a resposta na mesma moeda, é uma transgressão intolerável, que só pode ocorrer a um "novato". Quem a comete deve tornar-se um exemplo: outros funcionários acorrem em defesa da ordem ameaçada, e o culpado é surrado com raiva e método, até ser domado ou morto. O privilégio, por definição, defende e protege o privilégio. Lembre-se de que o termo local, ídiche e polonês, para indicar o privilégio, era *protekcja*, de evidente origem italiana e latina; e me foi narrada a história de um "novato" italiano, um militante da Resistência, jogado num *Lager* de trabalho com a etiqueta de prisioneiro político quando ainda estava no vigor de suas forças. Fora maltratado durante a distribuição da sopa e havia ousado dar um empurrão no funcionário-distribuidor: acorreram os colegas deste último, e o réu foi afogado exemplarmente com a cabeça imersa na panela da própria sopa.

A ascensão dos privilegiados, não só no *Lager* mas em todas as situações humanas, é um fenômeno angustiante mas inevitável: eles só não existem nas utopias. É dever do homem justo declarar guerra a todo privilégio não merecido, mas não se deve esquecer que esta é uma guerra sem fim. Sempre que existe um poder exercido por poucos, ou por um só, contra a maioria, o privilégio nasce e prolifera, inclusive contra a vontade do poder mesmo; mas é normal que o poder o tolere e o encoraje. Limitemo-nos ao *Lager*, que, no entanto, mesmo em sua versão soviética, pode bem servir como "laboratório": a classe híbrida dos prisioneiros-funcionários constitui sua base e, simultaneamente, seu traço mais inquietante. É uma zona cinzenta, com contornos mal definidos, que ao mesmo tempo separa e une os campos dos senhores e dos escravos. Possui uma estrutura interna incrivelmente complicada e abriga em si o suficiente para confundir nossa necessidade de julgar.

A zona cinzenta da *protekcja* e da colaboração nasce de múltiplas raízes. Em primeiro lugar, a área do poder, quanto mais estreita, tanto mais precisa de auxiliares externos; o nazismo dos últimos anos não podia prescindir deles, resolvido como estava a manter sua ordem no interior da Europa subjugada e a alimentar as frentes de guerra debilitadas pela resistência militar crescente dos adversários. Era indispensável buscar nos países ocupados não só mão de obra mas também forças da ordem, delegados e administradores do poder alemão, então empenhado em outros lugares até o ponto da exaustão. Nessa área devem ser catalogados, com nuanças diferentes de peso e qualidade, Quisling na Noruega, o governo de Vichy na França, o *Judenrat* de Varsóvia, a República de Salò, bem como os mercenários ucranianos e bálticos empregados em toda parte nas tarefas mais sujas (jamais em combates), e os *Sonderkommandos*, dos quais deveremos falar. Mas os colaboradores que provêm do campo adversário, os ex-inimigos, são indignos de confiança por essência: traíram uma vez e podem trair outra. Não basta relegá-los às tarefas marginais; o modo melhor de comprometê-los é carregá-los de crimes, manchá-los de sangue, expô-los tanto quanto possível: assim contraem com os mandantes o vínculo da cumplicidade e não mais podem voltar atrás. Esse modo de agir é conhecido das associações criminosas de todos os tempos e lugares, tem sido praticado pela Máfia desde sempre, e, entre outras coisas, é só o que explica os excessos, de outra forma indecifráveis, do terrorismo italiano dos anos 1970.

Em segundo lugar, e em contraste com uma certa estilização hagiográfica e retórica, quanto mais feroz a opressão, tanto mais se difunde entre os oprimidos a disponibilidade de colaboração com o poder. Também essa disponibilidade é matizada por nuanças e diferenciações infinitas: terror, engodo ideológico, imitação barata do vencedor, ânsia míope por um poder qualquer, mesmo que ridiculamente circunscrito no espaço e no tempo, covardia, e até lúcido cálculo dirigido para escapar das regras e da ordem imposta. Todos esses motivos, singularmente ou em combinação, foram operantes na origem da faixa cinzenta, cujos componentes, em relação aos não privilegiados, eram unidos pela vontade de conservar e consolidar seu privilégio.

Antes de discutir em separado os motivos que induziram alguns prisioneiros a colaborar, em medida variada, com a autoridade do *Lager*, é preciso, contudo, afirmar com vigor que, diante de casos humanos como esses, é imprudente precipitar-se emitindo um juízo moral. Deve estar claro que a máxima culpa recai sobre o sistema, sobre a estrutura mesma do Estado totalitário; o concurso no crime por parte dos colaboradores singulares, grandes e pequenos (jamais simpáticos, jamais transparentes!), é sempre difícil de avaliar. É um juízo que gostaríamos de confiar somente a quem se achou em circunstâncias análogas e teve oportunidade de verificar em si mesmo o que significa agir em circunstâncias forçadas. Manzoni o sabia bem: "Os provocadores, os opressores, todos aqueles que, de um modo qualquer, fazem mal aos outros, são réus não somente do mal que cometem, mas também da perversão a que conduzem o ânimo dos oprimidos." A condição de vítima não exclui a culpa, e esta com frequência é objetivamente grave, mas não conheço tribunal humano ao qual atribuir sua avaliação.

Se dependesse de mim, se fosse obrigado a julgar, absolveria facilmente todos aqueles cujo concurso para o crime foi mínimo e sobre os quais a coação foi máxima. Em torno de nós, prisioneiros sem graduação, fervilhavam os funcionários de escalão inferior. Constituíam uma fauna pitoresca: varredores, lavadores, guardas-noturnos, arrumadores de cama (que exploravam em benefício próprio, e minúsculo, a mania alemã de beliches arrumados meticulosamente), controladores de piolhos e de sarnas, mensageiros, intérpretes, ajudantes dos ajudantes. Em geral, eram pobres-diabos como nós, trabalhando em horário integral como todos os outros, mas que, por um pouco de sopa a mais, se prestavam a executar essas e outras funções "terciárias": inócuas, às vezes úteis, frequentemente inventadas do nada. Raramente eram violentos, mas tendiam a desenvolver uma mentalidade tipicamente corporativa e a defender com energia seu "posto de trabalho" contra quem, de cima ou de baixo, tramasse insídias. Seu privilégio, que de resto comportava um incômodo e um cansaço suplementares, lhes valia pouco e não os subtraía à disciplina e ao sofrimento dos outros; sua esperança de vida era substancialmente igual àquela dos não privilegiados. Eram rudes e insolentes, mas não percebidos como inimigos.

O juízo se torna mais delicado e mais diferenciado para aqueles que ocupavam posições de comando: os chefes (*Kapos*: o termo alemão deriva diretamente do italiano, e a pronúncia trancada, introduzida pelos prisioneiros franceses, só se difundiu muitos anos depois, divulgada pelo filme homônimo de Pontecorvo e favorecida na Itália justamente pelo seu valor diferencial) das brigadas de trabalho, os chefes de alojamento, os escriturários, bem como o mundo (que eu então nem imaginava) dos prisioneiros que desempenhavam atividades diversas, às vezes delicadíssimas, nos escritórios administrativos do campo, a Seção Política (de fato, uma seção da Gestapo), o Serviço do Trabalho, as celas de punição. Alguns destes, graças à sua habilidade ou à fortuna, tiveram acesso às informações mais secretas dos respectivos *Lager*, e, como Hermann Langbein em Auschwitz, Eugen Kogon em Buchenwald, e Hans Marsalek em Mauthausen, tornaram-se depois seus historiadores. Não se sabe o que mais admirar: se sua coragem pessoal ou sua astúcia, que lhes permitiram ajudar concretamente seus companheiros de muitas maneiras, estudando atentamente os diferentes oficiais SS com os quais estavam em contato, e intuindo quais deles podiam ser corrompidos, quais dissuadidos das decisões mais cruéis, quais chantageados, quais enganados, quais atemorizados pela perspectiva de um *redde rationem* com o fim da guerra. Alguns entre eles – por exemplo, os três citados – também eram membros de organizações secretas de defesa e, por isto, o poder de que dispunham graças a suas funções era contrabalançado pelo perigo extremo que corriam, na qualidade de "resistentes" e de detentores de segredos.

Os funcionários ora descritos não eram em absoluto, ou eram só aparentemente, colaboradores, mas sim opositores encobertos. Não era o caso da maior parte dos outros detentores de posições de comando, que se revelaram exemplares humanos entre medíocres e péssimos. Mais do que desgastar, o poder corrompe; e seu poder, que era de natureza peculiar, corrompia ainda mais intensamente.

O poder existe em todas as variedades da organização social humana, mais ou menos controlado, usurpado, investido a partir de cima ou reconhecido a partir de baixo, atribuído por mérito, por solidariedade corporativa, por sangue ou por mecanismo censitário: é verossímil que uma certa medida de domínio do homem sobre o homem esteja inscrita em nosso patrimônio genético de animais gregários. Não está demonstrado que o poder seja intrinsecamente nocivo à coletividade. Mas o poder de que dispunham os funcionários dos quais se fala, inclusive os de escalão inferior, como os *Kapos* das brigadas de trabalho, era substancialmente ilimitado; ou melhor, à sua violência se impunha um limite inferior, no sentido de que eles eram punidos ou destituídos se não se mostrassem suficientemente duros, mas nenhum limite superior. Em outros termos, estavam liberados para cometer contra seus subordinados as piores atrocidades a título de punição para qualquer transgressão, ou mesmo sem motivo algum: até o fim do ano de 1943, não era raro que um prisioneiro fosse assassinado a pancadas por um *Kapo*, sem que este tivesse de temer qualquer sanção. Só mais tarde, quando a carência de mão de obra se tornou mais aguda, é que se introduziram algumas limitações: os maus-tratos que os *Kapos* podiam infligir aos prisioneiros não deviam reduzir permanentemente sua capacidade de trabalho; mas já então se difundira a deformação, e nem sempre a norma foi respeitada.

Reproduzia-se assim, dentro dos *Lager*, em escala menor mas com características ampliadas, a estrutura hierárquica do Estado totalitário, no qual todo o poder emana do alto e um controle de baixo para cima é quase impossível. Mas esse "quase" é importante: jamais existiu um

Estado que fosse realmente "totalitário" sob esse aspecto. Uma forma qualquer de reação, um corretivo ao arbítrio total, jamais deixou de haver, nem no Terceiro Reich nem na União Soviética de Stalin: num como noutro caso, serviram como freio, em maior ou menor medida, a opinião pública, a magistratura, a imprensa estrangeira, as Igrejas, o sentimento de humanidade e justiça que dez ou vinte anos de tirania não conseguem eliminar. Só dentro do *Lager* o controle a partir de baixo era nulo, e o poder dos pequenos sátrapas era absoluto. É compreensível que um poder de tal amplitude atraísse com força aquele tipo humano que é ávido de poder; que a ele aspirassem também indivíduos de instintos moderados, atraídos pelas muitas vantagens materiais das funções; e que tais indivíduos fossem fatalmente intoxicados pelo poder de que dispunham.

Quem se tornava *Kapo*? Mais uma vez é preciso distinguir. Em primeiro lugar, aqueles a quem a possibilidade era oferecida, ou seja, os indivíduos nos quais o comandante do *Lager* ou seus delegados (que muitas vezes eram bons psicólogos) entreviam a potencialidade de colaborador: criminosos comuns egressos das prisões, aos quais a carreira de esbirro oferecia uma excelente alternativa à detenção; prisioneiros políticos enfraquecidos por cinco ou dez anos de sofrimentos ou, de um modo ou de outro, moralmente debilitados; mais tarde, até judeus, que viam na migalha de autoridade que se lhes oferecia o único modo de escapar da "solução final". Mas muitos, como dissemos, aspiravam ao poder espontaneamente: buscavam-no os sádicos, por certo não numerosos mas muito temidos, uma vez que para eles a posição de privilégio coincidia com a possibilidade de infligir aos subordinados sofrimento e humilhação. Buscavam-no os frustrados, e também este é um traço que reproduz no microcosmo do *Lager* o macrocosmo da sociedade totalitária: em ambos, fora da capacidade e do mérito, o poder é concedido generosamente a quem esteja disposto a reverenciar a autoridade hierárquica, conseguindo assim uma promoção social inalcançável de outro modo. Buscavam-no, enfim, muitos entre os oprimidos que sofriam o contágio dos opressores e tendiam inconscientemente a identificar-se com eles.

Sobre esse mimetismo, sobre essa identificação ou imitação, ou ainda troca de papéis entre o opressor e a vítima, já se discutiu muito.

Disseram-se coisas verdadeiras e inventadas, perturbadoras e banais, agudas e estúpidas: não é um terreno virgem, ao contrário, é um campo arado desajeitadamente, pisado e revolto. A diretora Liliana Cavani, a quem se pedira expressar sucintamente o sentido de um filme seu, belo e falso, declarou: "Somos todos vítimas ou assassinos e aceitamos estes papéis voluntariamente. Só Sade e Dostoievski compreenderam isto bem"; disse também acreditar "que em todo ambiente, em toda relação, há uma dinâmica vítima-carrasco mais ou menos claramente expressa e geralmente vivida em nível não consciente".

Não entendo muito do inconsciente ou do profundo, mas sei que poucos entendem disto e que esses poucos são mais cautelosos: não sei, e me interessa pouco saber, se em meu profundo se aninha um assassino, mas sei que fui vítima inocente, e assassino não; sei que os assassinos existiram, não só na Alemanha, e ainda existem, inativos ou em serviço, e que confundi-los com suas vítimas é uma doença moral ou uma afetação estética ou um sinal sinistro de cumplicidade; sobretudo, é um precioso serviço prestado (intencionalmente ou não) aos negadores da verdade. Sei que no *Lager*, e mais em geral no teatro humano, acontece tudo, e que por isto o exemplo singular demonstra pouco. Dito claramente tudo isto e reafirmado que confundir os dois papéis significa querer mistificar desde a raiz nossa necessidade de justiça, algumas considerações restam por fazer.

É sempre verdade que, no *Lager* e fora dele, existem pessoas cinzentas, ambíguas, dispostas ao compromisso. A tensão extrema do *Lager* tende a aumentar suas fileiras; elas possuem autonomamente uma cota (tanto mais relevante quanto maior sua liberdade de escolha) de culpa, e, além desta, ficam os vetores e os instrumentos da culpa do sistema. É sempre verdade que a maior parte dos opressores, durante ou (mais frequentemente) após suas ações, se deu conta de que aquilo que fazia ou tinha feito era iníquo, eles experimentaram talvez dúvidas ou mal-estar, ou mesmo foram punidos; mas esses sofrimentos não são suficientes para arrolá-los entre as vítimas. Do mesmo modo, não bastam os erros e as concessões dos prisioneiros para alinhá-los com seus guardiães: os prisioneiros dos

Lager, centenas de milhares de pessoas de todas as classes sociais, de quase todos os países da Europa, representavam uma amostragem média, não selecionada, de humanidade: ainda que não se quisesse levar em conta o ambiente infernal em que foram bruscamente precipitados, é ilógico pretender deles, e é retórico e falso sustentar que todos tenham sempre seguido, o comportamento que se espera dos santos e dos filósofos estoicos. Na realidade, na esmagadora maioria dos casos, seu comportamento foi ferreamente condicionado: ao cabo de poucas semanas ou meses, as privações a que foram submetidos os conduziram a uma condição de pura sobrevivência, de luta cotidiana contra a fome, o frio, a fadiga, o espancamento, condição na qual o espaço para as escolhas (especialmente para as escolhas morais) estava reduzido a nada; entre eles, pouquíssimos sobreviveram à prova, graças à soma de muitos eventos improváveis; em resumo, foram salvos pela sorte, e não tem muito sentido buscar em seus destinos algo comum, a não ser talvez a boa saúde inicial.

Um caso-limite de colaboração é representado pelos *Sonderkommandos* de Auschwitz e dos outros *Lager* de extermínio. Aqui hesito em falar de privilégio: quem deles fazia parte só era privilegiado na medida em que (e com que custo!) por alguns meses comia suficientemente, não decerto porque pudesse ser invejado. Com esta denominação deliberadamente vaga, "Esquadrão Especial", era indicado pelos SS o grupo de prisioneiros aos quais estava confiada a gestão dos fornos crematórios. A eles cabia manter a ordem entre os recém-chegados (muitas vezes inteiramente inconscientes do destino que os esperava) que deviam ser introduzidos nas câmaras de gás; tirar das câmaras os cadáveres; extrair o ouro dos dentes; cortar os cabelos das mulheres; separar e classificar as roupas, os sapatos, o conteúdo das bagagens; transportar os cadáveres e cuidar do funcionamento dos fornos; retirar e eliminar as cinzas. O Esquadrão Especial de Auschwitz contava, dependendo da época, com um efetivo entre setecentos e mil prisioneiros.

Esses Esquadrões Especiais não escapavam do destino de todos; antes, por parte dos SS havia todo o cuidado para que nenhum homem que deles havia participado pudesse sobreviver e contar. Em Auschwitz se sucederam doze esquadrões; cada qual atuava durante alguns meses, em seguida era eliminado, sempre com um artifício diferente para prevenir eventuais resistências, e o esquadrão sucessivo, como iniciação, queimava os cadáveres dos predecessores. O último esquadrão, em outubro de 1944, rebelou-se contra os SS, explodiu um dos fornos crematórios e foi exterminado num combate desigual, a que aludirei mais adiante. Os sobreviventes dos esquadrões Especiais, portanto, foram pouquíssimos, salvos da morte por algum lance imprevisível do destino. Nenhum deles, após a libertação, falou de bom grado, e nenhum fala de bom grado de sua terrível condição. As informações que possuímos sobre os Esquadrões provêm dos minguados depoimentos desses sobreviventes; das confissões de seus "mandantes" processados diante de diferentes tribunais; de alusões contidas em depoimentos de "civis" alemães ou poloneses, que casualmente tiveram oportunidade de entrar em contato com os esquadrões; e, finalmente, de páginas de diário escritas febrilmente para memória futura, e sepultadas com extremo cuidado nas proximidades dos fornos crematórios de Auschwitz, por parte de alguns de seus componentes. Todas essas fontes são concordes entre si; porém, é-nos difícil, quase impossível, construir uma representação de como esses homens viviam dia após dia, de como viam a si mesmos e aceitavam sua condição.

Num primeiro momento, eles eram escolhidos pelos SS entre os prisioneiros já presentes nos *Lager*, e há testemunho de que a escolha se dava não só com base no vigor físico mas também no estudo aprofundado das fisionomias. Em alguns casos raros, o alistamento aconteceu por punição. Mais tarde, preferiu-se buscar os candidatos diretamente nas plataformas ferroviárias, à chegada de cada comboio: os "psicólogos" dos SS se haviam dado conta de que o recrutamento era mais fácil se tivesse como alvo aquela gente desesperada e desorientada, enervada pela viagem, carente de resistências, no momento crucial do desembarque do trem, quando verdadeiramente todo recém-chegado se sentia à beira da escuridão e do terror de um espaço não terrestre.

Os Esquadrões Especiais eram constituídos em sua maior parte pelos judeus. Por um lado, isso não pode espantar, uma vez que o objetivo principal dos *Lager* era destruir os judeus e que a população de Auschwitz, a partir de 1943, era constituída por judeus numa proporção entre 90 e 95%; por outro, fica-se atônito diante deste paroxismo de perfídia e de ódio: os judeus é que deveriam pôr nos fornos os judeus, devia-se demonstrar que os judeus, sub-raça, sub-homens, se dobram a qualquer humilhação, inclusive à destruição de si mesmos. Além do mais, atestou-se que nem todos os SS aceitavam de bom grado o massacre como tarefa cotidiana; delegar às próprias vítimas uma parte do trabalho, e justamente a mais suja, devia servir (e provavelmente serviu) para aliviar algumas consciências.

Por certo, seria iníquo atribuir essa aquiescência a alguma particularidade especificamente judia: dos Esquadrões Especiais também fizeram parte prisioneiros não judeus, alemães e poloneses, porém com as funções "mais dignas" de *Kapos*; e também prisioneiros de guerra russos, que os nazistas consideravam estar só um pequeno degrau acima dos judeus. Foram poucos, porque em Auschwitz havia poucos russos (em sua grande maioria eram exterminados antes, imediatamente após a captura, metralhados à beira de enormes valas comuns): mas não se comportaram de modo diferente daquele dos judeus.

Os Esquadrões Especiais, na qualidade de portadores de um horrendo segredo, eram todos rigorosamente separados dos outros prisioneiros e do mundo exterior. Todavia, como sabe todo aquele que tenha atravessado experiências análogas, nenhuma barreira jamais é destituída de falhas: as informações, mesmo incompletas e distorcidas, têm um poder enorme de penetração, e alguma coisa sempre transpira. Sobre esses esquadrões, boatos vagos e truncados já circulavam entre nós durante o confinamento e foram confirmados mais tarde pelas outras fontes mencionadas anteriormente, mas o horror intrínseco dessa condição humana impôs a todos os testemunhos uma espécie de pudor; por isso, ainda hoje é difícil construir uma imagem do que "significava" ser forçado a exercer esse ofício durante meses. Alguns testemunharam que aqueles desgraçados dispunham de uma grande quantidade de bebidas alcoólicas, encontrando-se permanentemente num estado de embrutecimento e de prostração total. Um deles declarou: "Ao fazer este trabalho, ou se enlouquece no primeiro dia, ou então se acostuma." Mas outro disse: "Por certo, teria podido matar-me ou me deixar matar; mas eu queria sobreviver, para vingar-me e para testemunhar. Vocês não devem acreditar que nós somos monstros: somos como vocês, só que muito mais infelizes."

É evidente que tais afirmações, bem como as outras, inúmeras, que por eles e entre eles terão sido ditas mas não chegaram até nós, não podem ser tomadas ao pé da letra. De homens que conheceram essa destituição extrema não se pode esperar um depoimento no sentido jurídico do termo, e sim algo que fica entre o lamento, a blasfêmia, a expiação e o esforço de justificativa, de recuperação de si mesmos. Deve-se esperar antes um desafogo libertador do que uma verdade com o rosto de Medusa.

Ter concebido e organizado os esquadrões foi o delito mais demoníaco do nacional-socialismo. Por trás do aspecto pragmático (fazer economia de homens válidos, impor a outros as tarefas mais atrozes) se podem ver outros mais sutis. Através dessa instituição, tentava-se transferir para outrem, e precisamente para as vítimas, o peso do crime, de tal sorte que para o consolo delas não ficasse nem a consciência de ser inocente. Não é fácil nem agradável examinar esse abismo de maldade, mas penso que se deva fazê-lo, porque o que foi possível perpetrar ontem poderá ser novamente tentado amanhã, poderá envolver a nós mesmos ou a nossos filhos. Experimenta-se a tentação de virar o rosto e afastar o pensamento: é uma tentação a que devemos resistir. Com efeito, a existência dos esquadrões tinha um significado, possuía uma mensagem: "Nós, o povo dos Senhores, somos quem os destrói, mas vocês não são melhores do que nós; se quisermos, e o queremos, nós somos capazes de destruir não só seus corpos mas também suas almas, tal como destruímos as nossas."

Miklos Nyiszli, médico húngaro, esteve entre os pouquíssimos sobreviventes do último Esquadrão Especial de Auschwitz. Era um conhecido anatomopatologista, especializado em autópsias, e o médico-chefe dos SS de Birkenau, aquele Mengele que morreu há poucos anos fugindo da justiça, se valia de seus serviços; reservava-lhe um tratamento de favor e o considerava quase como um colega. Nyiszli devia dedicar-se especialmente ao estudo dos gêmeos: com efeito, Birkenau era o único lugar no mundo em que existia a possibilidade de examinar cadáveres de gêmeos assassinados no mesmo momento. Ao lado desta tarefa particular, à qual, diga-se de passagem, não parece que ele se tenha oposto com muita determinação, Nyiszli era o médico do esquadrão, com o qual vivia em estreito contato. Pois bem, ele narra um fato que me parece significativo.

Os SS, como disse, escolhiam cuidadosamente, nos *Lager* ou nos comboios que chegavam, os efetivos dos esquadrões, não hesitando em suprimir na hora aqueles que se recusavam ou se mostravam inadaptados a suas funções. Em relação aos membros recém-admitidos, eles mostravam o mesmo comportamento de desprezo e distância que tinham por hábito demonstrar em face de todos os prisioneiros, especialmente os judeus; fora-lhes inculcado que se tratava de seres vis, inimigos da Alemanha e, por isso, indignos de viver; no caso mais favorável, podiam ser obrigados a trabalhar até a morte por exaustão. Mas não se comportavam assim em relação aos veteranos do esquadrão: viam-nos de algum modo como colegas, já tão desumanizados como eles próprios, ligados à mesma condição, unidos pelo vínculo imundo da cumplicidade imposta. Nyiszli, assim, narra ter assistido, durante uma pausa de "trabalho", a uma partida de futebol entre SS e SK (*Sonderkommando*), vale dizer, entre uma representação dos SS de guarda no forno crematório e uma representação do Esquadrão Especial; à partida assistem outros soldados SS e o resto do esquadrão, torcendo, apostando, aplaudindo, encorajando os jogadores, como se a partida se desenrolasse não diante das portas do inferno, mas num campo de aldeia.

Nada semelhante jamais aconteceu, nem seria concebível, com outras categorias de prisioneiros; mas com eles, com os "corvos do forno crematório", os SS podiam entrar em campo, em igualdade ou quase. Por trás desse armistício se lê um riso satânico: está consumado, conseguimos, vocês não são mais a outra raça, a antirraça, o inimigo primeiro do Reich milenar: vocês não são mais o povo que refuta os ídolos. Nós os abraçamos, corrompemos, arrastamos para o fundo conosco. Vocês são como nós, vocês com seu orgulho: sujos de seu sangue, como nós. Também vocês, como nós e como Caim, mataram o irmão. Venham, podemos jogar juntos.

Nyiszli narra um outro episódio digno de meditação. Na câmara de gás foram amontoados e assassinados os prisioneiros de um trem recém-chegado, e o esquadrão está cumprindo a horrenda tarefa de todos os dias, desfazer o emaranhado de cadáveres, lavá-los com os hidrantes e transportá-los para os fornos crematórios, mas no chão encontram uma jovem ainda viva. O evento é excepcional, único; talvez os corpos tenham feito uma barreira ao redor dela, retendo um pouco de ar que permaneceu respirável. Os homens estão perplexos; a morte é seu ofício de todos os momentos, a morte é um hábito, porque, precisamente, "ou se enlouquece no primeiro dia, ou então se acostuma", mas aquela mulher está viva. Escondem-na, aquecem-na, trazem-lhe caldo de carne, interrogam-na: a moça tem dezesseis anos, não se orienta nem no espaço nem no tempo, não sabe onde está, percorreu sem entender o suplício do trem lacrado, da brutal seleção preliminar, do desnudamento, do ingresso na câmara de onde ninguém jamais saiu vivo. Não compreende, mas viu; por isso, deve morrer, e os homens do esquadrão sabem disto, tanto quanto sabem que eles próprios devem morrer, e pela mesma razão. Mas esses escravos embrutecidos pelo álcool e pelo extermínio cotidiano se transformaram; diante deles não há mais a massa anônima, a torrente de pessoas espantadas, atônitas, que desce dos vagões: há uma pessoa.

Como não lembrar o "insólito respeito" e a hesitação do "ignóbil coveiro" diante do caso singular, diante da menina Cecília morta pela peste, que, em *Os noivos*, a mãe não deixa ser jogada na carroça, misturada entre os outros mortos? Fatos como esse espantam, porque contrariam a imagem que abrigamos em nós do homem concorde consigo mesmo, coerente, monolítico; e não deveriam espantar, porque o homem não é assim. Piedade e brutalidade podem coexistir, no mesmo indivíduo e no mesmo momento, contra toda lógica; de resto, a própria piedade foge à lógica. Não existe proporção entre a piedade que experimentamos e a extensão da dor que suscita a piedade: uma só Anne Frank gera mais comoção do que uma infinidade que sofreu como ela, mas cuja imagem permaneceu na sombra. Talvez seja necessário isso; se devêssemos e pudéssemos sofrer os sofrimentos de todos, não poderíamos viver. Talvez somente aos santos seja concedido o terrível dom da piedade por muitos; aos coveiros, aos membros do Esquadrão Especial e a todos nós somente resta, no melhor dos casos, a piedade eventual dirigida ao indivíduo, ao *Mitmensch*, ao co-homem: ao ser humano de carne e sangue que está diante de nós, ao alcance de nossos sentidos providencialmente míopes.

É chamado um médico, que reanima a moça com uma injeção: certo, o gás não fez seu papel, ela poderá sobreviver, mas onde e como? Naquele momento surge Muhsfeld, um dos soldados SS encarregados dos equipamentos da morte; o médico o chama à parte e lhe expõe o caso. Muhsfeld hesita e depois decide: não, a moça deve morrer; se fosse mais velha, o caso seria diferente, ela teria mais juízo e talvez se pudesse convencê-la a calar sobre tudo o que lhe ocorrera, mas tem só dezesseis anos: não se pode confiar nela. Mas não a mata pessoalmente, chama um subordinado para eliminá-la com um tiro na nuca. Ora, este Muhsfeld não era um misericordioso; sua cota diária de massacre estava coberta de episódios arbitrários e caprichosos, marcada por suas invenções de refinada crueldade. Foi processado em 1947, condenado à morte e enforcado em Cracóvia, o que foi justo; mas nem mesmo ele era um monolito. Se tivesse vivido num ambiente e numa época diferente, é provável que se comportasse como qualquer outro homem comum.

Em *Os irmãos Karamazov*, Gruchenka narra a fábula da cebola. Uma velha malvada morre e vai ao inferno, mas seu anjo da guarda, vasculhando a memória, se lembra de que ela, uma vez, uma só, tinha dado a um mendigo uma pequena cebola de sua horta: estende-lhe a cebola, e a velha a ela se agarra, salvando-se do fogo do inferno. Essa fábula sempre me pareceu revoltante: que monstro humano nunca terá dado uma pequena cebola em sua vida, se não a outros, pelo menos a seus filhos, à mulher, ao cão? Aquele instante singular de piedade logo cancelada não basta, certamente, para absolver Muhsfeld, mas é suficiente para colocar também a ele, ainda que na margem extrema, naquela faixa cinzenta, naquela zona de ambiguidade que se irradia dos regimes fundados no terror e na obediência.

Não é difícil julgar Muhsfeld, e não creio que o tribunal que o condenou tenha tido dúvidas; ao contrário, nossa necessidade e nossa capacidade de julgar se detêm diante do Esquadrão Especial. Imediatamente surgem as perguntas, perguntas convulsivas, às quais é árduo mister dar uma resposta que nos tranquilize sobre a natureza do homem. Por que eles aceitaram aquela tarefa? Por que não se rebelaram, por que não preferiram a morte?

Numa certa medida, os fatos de que dispomos nos permitem tentar uma resposta. Nem todos aceitaram; alguns se rebelaram, sabendo que morreriam. De pelo menos um caso temos informação precisa: um grupo de quatrocentos judeus de Corfu, que em julho de 1944 fora recrutado para o esquadrão, rejeitou completamente o trabalho, sendo imediatamente assassinado por asfixia. Há registro de várias revoltas singulares, todas logo punidas com uma morte atroz (Filip Müller, um dos pouquíssimos sobreviventes do esquadrão, dá conta de um companheiro seu que os SS puseram vivo na fornalha), e de muitos casos de suicídio no ato do recrutamento ou imediatamente depois. Por fim, deve-se lembrar que foi precisamente o Esquadrão Especial que organizou, em outubro de 1944, a única e desesperada tentativa de revolta na história dos *Lager* de Auschwitz, que já mencionamos.

As informações dessa tentativa que chegaram até nós não são nem completas nem coincidentes; sabe-se que os revoltosos (os encarregados de dois dos cinco fornos crematórios de Auschwitz-Birkenau), mal armados e sem contatos com os guerrilheiros poloneses fora do *Lager* e com a organização clandestina de defesa dentro do *Lager*, explodiram o forno crematório número 3 e lutaram contra os SS. O combate terminou muito rapidamente; alguns rebeldes conseguiram romper o arame farpado e fugir, mas foram capturados pouco depois. Nenhum deles sobreviveu; cerca de 450 foram imediatamente mortos pelos SS; destes últimos, três foram mortos e doze feridos.

Assim, em relação aos miseráveis executores do extermínio, aqueles de quem temos notícia são os outros, os que em cada oportunidade preferiram algumas semanas a mais de vida (e que vida!) à morte imediata, mas que em nenhum caso se induziram, ou foram induzidos, a matar de próprio punho. Repito: acredito que ninguém esteja autorizado a julgá-los, nem quem conheceu a experiência do *Lager*, nem muito menos quem não a conheceu. Gostaria de convidar todo aquele que ousar tentar um juízo a realizar sobre si mesmo, com sinceridade, uma experiência conceitual: imagine, se conseguir, ter passado meses ou anos num gueto, atormentado pela fome crônica, pelo cansaço, pela promiscuidade e pela humilhação; ter visto morrer ao redor, um a um, os próprios entes queridos; ter sido arrancado do mundo, sem poder receber nem transmitir notícias; ter sido, por fim, embarcado num comboio, oitenta ou cem pessoas em cada vagão de carga; ter viajado para o desconhecido, às cegas, por dias e noites insones; e ver-se afinal lançado entre os muros de um inferno indecifrável. Aqui se lhe oferece a sobrevivência e se lhe propõe, ou antes, impõe, uma tarefa sinistra mas vaga. É este, me parece, o verdadeiro *Befehlnotstand*, "o estado de coação consequente a uma ordem": não aquele sistemático e despudoradamente invocado pelos nazistas levados a juízo e, mais tarde (mas seguindo suas pegadas), pelos criminosos de guerra de muitos outros países. O primeiro é uma alternativa rígida, a obediência imediata ou a morte; o segundo é um fato interno ao centro de poder, podendo ser resolvido (com efeito, muitas vezes foi resolvido) com uma manobra qualquer, com algum atraso na carreira, com uma punição moderada, ou, no pior dos casos, com a transferência do recalcitrante para a frente de guerra.

A experiência que propus não é agradável; tentou representá-la Vercors, em sua narrativa *Les Armes de la nuit*, na qual se fala da "morte da alma" e que, relida hoje, me parece intoleravelmente viciada de esteticismo e de afetação literária. Mas é indiscutível que se trata de morte da alma; ora, ninguém pode saber por quanto tempo, e a quais provas, sua alma resistirá antes de dobrar-se ou de quebrar. Todo ser humano possui uma reserva de forças cuja medida lhe é desconhecida: pode ser grande, pequena ou nula, e só a adversidade extrema lhe permite avaliá-la. Mesmo sem recorrer ao caso-limite dos Esquadrões Especiais, sucede com frequência a nós, sobreviventes, quando contamos nossas vicissitudes, que o interlocutor diga: "Eu, em seu lugar, não teria resistido um dia." A afirmação não tem um sentido preciso: nunca se está no lugar de um outro. Cada indivíduo é um objeto de tal modo complexo que é vão querer prever seu comportamento, ainda mais em situações extremas; nem mesmo é possível antever o próprio comportamento. Por isto, peço que a história dos "corvos do forno crematório" seja meditada com piedade e rigor, mas que o julgamento sobre eles fique suspenso.

A mesma *impotentia judicandi* nos paralisa diante do caso Rumkowski. A história de Chaim Rumkowski não é propriamente uma história de *Lager*, embora no *Lager* se conclua: é uma história de gueto, mas tão eloquente sobre o tema fundamental da ambiguidade humana fatalmente provocada pela opressão, que me parece caber muito bem em nosso discurso. Repito-a aqui, embora já a tenha narrado em outra parte.

Voltando de Auschwitz achei no bolso uma curiosa moeda de liga leve, que ainda conservo. Está arranhada e corroída; traz numa face a estrela hebraica (o "Escudo de Davi"), a data de 1943 e a palavra *getto*, que se lê *gueto*, à moda alemã; na outra face, as legendas: QUITTUNG ÜBER 10 MARK e DER ÄLTESTE DER JUDEN IN LITZMANNSTADT, ou seja, respectivamente, "Recibo de 10 marcos" e "O decano dos judeus em Litzmannstadt": em resumo, era a moeda interna de um gueto. Por muitos anos esqueci sua existência, mas por volta de 1974 pude reconstruir sua história, que é fascinante e sinistra.

Com o nome de Litzmannstadt, em honra de um general Litzmann vitorioso sobre os russos na Primeira Guerra Mundial, os nazistas tinham rebatizado a cidade polonesa de Lódź.* No fim de 1944 os últimos sobreviventes do gueto de Lódź foram deportados para Auschwitz: eu devo ter encontrado no chão do *Lager* aquela moeda já inútil.

---

* A grafia correta é Łódź (pronúncia: "Uúdj"). Por dificuldade de reprodução será grafada Lódź no texto. (*N. do E.*)

Em 1939, Lódź tinha 750 mil habitantes e era a mais industrial das cidades polonesas, a mais "moderna" e a mais feia: vivia da indústria têxtil, como Manchester e Biella, e estava marcada pela presença de uma miríade de estabelecimentos grandes e pequenos, em sua maioria obsoletos já então. Como em todas as cidades de uma certa importância da Europa Oriental ocupada, os nazistas se apressaram em construir aí um gueto, restabelecendo, agravado por sua ferocidade moderna, o regime dos guetos da Idade Média e da Contrarreforma. O gueto de Lódź, estabelecido já em fevereiro de 1940, foi o primeiro cronologicamente e o segundo, após o de Varsóvia, em termos de consistência numérica: chegou a contar com 160 mil judeus e só foi dissolvido no outono de 1944. Foi, pois, o mais duradouro dos guetos nazistas, e isto deve ser atribuído a duas razões: sua importância econômica e a perturbadora personalidade de seu presidente.

Chamava-se Chaim Rumkowski: ex-pequeno industrial falido, após várias viagens e muitas vicissitudes se estabelecera em Lódź em 1917. Em 1940 tinha quase sessenta anos e era viúvo sem filhos; desfrutava uma certa estima e era conhecido como diretor de obras pias hebraicas e como homem enérgico, inculto e autoritário. O cargo de presidente (ou decano) de um gueto era intrinsecamente espantoso, mas era um cargo, constituía um reconhecimento social, significava um degrau acima e conferia direitos e privilégios, isto é, autoridade: ora, Rumkowski amava apaixonadamente a autoridade. Como obteve a investidura não se sabe: talvez se tratasse de uma zombaria no torpe estilo nazista (Rumkowski era, ou parecia, um tolo com ares de honestidade; em suma, um objeto ideal de escárnio); talvez ele próprio tivesse manobrado para ser escolhido, tão forte devia ser nele a vontade de poder. Está provado que os quatro anos de sua presidência, ou melhor, de sua ditadura, foram um emaranhado surpreendente de sonho megalomaníaco, de vitalidade bárbara e de real capacidade diplomática e organizativa. Logo ele passou a ver-se na condição de monarca absoluto mas iluminado, e certamente foi estimulado nesse caminho por seus patrões alemães, que naturalmente brincavam com ele mas estimavam seus talentos de bom administrador e de homem da ordem. Deles obteve autorização para cunhar moeda, fosse metálica (a tal moeda em meu poder), fosse dinheiro-papel, em papel filigranado que lhe foi fornecido oficialmente. Nessa moeda eram pagos os operários extenuados do gueto: podiam gastá-la nos armazéns para adquirir sua ração alimentar, que equivalia em média a 800 calorias diárias (recordo, de passagem, que são necessárias pelo menos duas mil calorias para sobreviver em estado de absoluto repouso).

Desses seus súditos esfomeados Rumkowski ambicionava receber não só obediência e respeito, mas também amor: nisto as ditaduras modernas diferem das antigas. Como dispunha de um punhado de artistas e artesãos excelentes, fez desenharem e imprimirem selos que trazem sua efígie, com os cabelos e as barbas resplandecentes à luz da Esperança e da Fé. Teve uma sege puxada por um cavalo esquelético, com a qual percorria as ruas de seu minúsculo reino, entupidas de mendigos e de pedintes. Teve um manto real, cercando-se de uma corte de aduladores e de sicários; fez com que seus poetas-cortesãos compusessem hinos em que se celebrava sua "mão firme e potente", bem como a paz e a ordem que reinavam no gueto graças a ele; ordenou que às crianças das nefandas escolas, todo dia devastadas pelas epidemias, pela desnutrição e pelas incursões alemãs, fossem designados temas em louvor "a nosso amado e sagaz presidente". Como todos os autocratas, se apressou em organizar uma polícia eficiente, nominalmente para manter a ordem, de fato para proteger sua pessoa e para impor sua disciplina: era constituída de seiscentos guardas armados de bastão e um número incerto de delatores. Pronunciou muitos discursos, alguns dos quais se conservaram e cujo estilo é inconfundível: havia adotado a técnica oratória de Mussolini e de Hitler, aquela da recitação inspirada, do pseudocolóquio com a multidão, da criação do consenso através da adesão e do controle. Talvez esta sua imitação fosse deliberada; talvez, ao contrário, fosse uma identificação inconsciente com o modelo do "herói necessário" que então dominava a Europa e fora cantado por D'Annunzio; mas é mais provável que sua atitude nascesse de sua condição de pequeno tirano, impotente diante dos de cima e onipotente diante dos de baixo. Quem tem trono e cetro, quem não teme ser contradito nem escarnecido, fala assim.

No entanto, sua figura foi mais complexa do que sugerimos até aqui. Rumkowski não foi somente um renegado e um cúmplice; em alguma medida, além de fazer com que os outros se convencessem, ele progressivamente deve ter se convencido de ser um messias, um salvador de seu povo, cujo bem, pelos menos a intervalos, ele deve também ter desejado. É preciso beneficiar para se sentir benéfico, e sentir-se benéfico é gratificante até para um sátrapa corrompido. Paradoxalmente, à sua identificação com os opressores se alterna ou se justapõe uma identificação com os oprimidos, porque o homem, diz Thomas Mann, é uma criatura confusa; e se torna mais confusa, podemos acrescentar, quanto mais submetida a tensões: então escapa a nosso juízo, assim como enlouquece uma bússola diante do polo magnético.

Embora tenha sido constantemente desprezado e escarnecido pelos alemães, é provável que Rumkowski pensasse em si mesmo não como um escravo, mas como um senhor. Deve ter tomado a sério sua autoridade: quando a Gestapo se apoderou, sem prévia notificação, de "seus" conselheiros, acorreu corajosamente em auxílio deles, expondo-se a zombarias e a humilhações que soube suportar com dignidade. Mesmo em outras ocasiões, buscou negociar com os alemães, que exigiam cada vez mais tecidos de Lódź, bem como contingentes cada vez mais numerosos de bocas inúteis (velhos, crianças, doentes) para mandar às câmaras de gás de Treblinka e depois de Auschwitz. A própria dureza com que se precipitou a reprimir os movimentos de insubordinação de seus súditos (existiam em Lódź, como nos outros guetos, núcleos de temerária resistência política, de raiz sionista, comunista ou influenciada pelo *Bund*) não provinha tanto de servilismo diante dos alemães quanto de "lesa-majestade", de indignação pelo ultraje lançado à sua real pessoa.

Em setembro de 1944, como a frente russa estava próxima, os nazistas deram início à liquidação do gueto de Lódź. Dezenas de milhares de homens e mulheres foram deportados para Auschwitz, *anus mundi*, lugar de drenagem última do universo alemão; exauridos como estavam, foram quase todos eliminados de imediato. Permaneceu no gueto um milhar de homens, desmontando a maquinaria das fábricas e apagando os vestígios do massacre: foram libertados pelo Exército Vermelho pouco depois, e a eles se devem as informações aqui reportadas.

Sobre o destino final de Chaim Rumkowski existem duas versões, como se a ambiguidade sob cujo signo vivera se arrastasse para envolver sua morte. Segundo a primeira versão, no decorrer da liquidação do gueto ele teria buscado opor-se à deportação de seu irmão, de quem não queria separar-se; um oficial alemão lhe teria então proposto partir voluntariamente com o irmão, e ele teria aceitado. Uma outra versão afirma, ao contrário, que a salvação de Rumkowski teria sido tentada por Hans Biebow, outro personagem carregado de duplicidade. Este miserável industrial alemão era o funcionário responsável, ao mesmo tempo, pela administração do gueto e pelos contratos de fornecimento: sua função, portanto, era delicada, porque as fábricas têxteis de Lódź trabalhavam para as forças armadas. Biebow não era um monstro: não lhe interessava criar sofrimentos inúteis nem punir os judeus por sua culpa de serem judeus, mas sim lucrar com os fornecimentos, de um modo lícito ou não. O tormento do gueto o atingia, mas só por via indireta; desejava que os operários-escravos trabalhassem e, por isto, que não morressem de fome; seu sentido moral se detinha aqui. De fato, era o verdadeiro patrão do gueto e estava ligado a Rumkowski por aquela relação comitente-fornecedor que muitas vezes desemboca numa áspera amizade. Biebow, mísero saqueador, tão cínico que não podia tomar a sério a demonologia racista, haveria de querer adiar indefinidamente o desmantelamento do gueto, que para ele era um ótimo negócio, e preservar da deportação Rumkowski, em cuja cumplicidade confiava: de onde se vê como frequentemente um realista seja objetivamente melhor do que um teórico. Mas os teóricos SS tinham parecer contrário, e eram mais fortes. Eram *gründlich*, radicais: abaixo o gueto, fora Rumkowski.

Não podendo dispor de outra maneira, Biebow, que tinha boas relações, entregou a Rumkowski uma carta endereçada ao comandante do *Lager* de destinação, garantindo-lhe que o documento o protegeria e asseguraria um tratamento favorável. Rumkowski teria pedido a Biebow, e obtido consentimento, que viajasse até Auschwitz – ele, Rumkowski, e sua família – com o decoro adequado à sua condição, vale dizer, num vagão especial, enganchado no fim do comboio de vagões de carga lotados de deportados sem privilégios: mas o destino dos judeus nas mãos dos alemães era um só, fossem covardes ou heróis, humildes ou soberbos. Nem a carta nem o vagão serviram para salvar do gás Chaim Rumkowski, rei dos judeus.

Uma história como essa não se encerra em si mesma. Não é unívoca, propõe mais perguntas do que responde, resume em si toda a temática da zona cinzenta e deixa perplexidades. Grita e exige ser compreendida, porque nela se entrevê um símbolo, como nos sonhos e nos signos do céu.

Quem é Rumkowski? Não é um monstro nem um homem comum; no entanto, a nosso redor muitos são semelhantes a ele. Os fracassos que precederam sua "carreira" são significativos: os homens que retiram força moral de um fracasso são poucos. Parece-me que em sua história se pode reconhecer de uma forma exemplar a necessidade quase física que faz nascer da coação política a área indefinida da ambiguidade e do compromisso. Aos pés de todo trono absoluto, homens como ele se amontoam para obter sua pequena fatia de poder: é um espetáculo recorrente, voltam à memória as lutas sangrentas dos últimos meses da Segunda Guerra Mundial, na corte de Hitler e entre os ministros de Salò; homens cinzentos também estes, ainda mais cegos do que criminosos, encarniçados na luta pela repartição das migalhas de uma autoridade celerada e moribunda. O poder é como a droga: a falta de um e de outro é desconhecida de quem não os provou, mas, após a iniciação, que (como para Rumkowski) pode ser fortuita, nascem a dependência e a necessidade de doses cada vez mais altas; também nasce a recusa da realidade e o retorno aos sonhos infantis de onipotência. Se for válida a interpretação de um Rumkowski intoxicado de poder, é preciso admitir que a intoxicação sobreveio não por causa, mas apesar do ambiente do gueto; ou seja, que ela é tão poderosa que prevalece até em condições que parecem extinguir toda vontade individual. De fato, nele era bem visível, como em seus modelos mais famosos, a síndrome do poder prolongado e incontestado: a visão distorcida do mundo, a arrogância dogmática, a necessidade de adulação, a obsessão convulsiva pelas alavancas de comando, o desprezo das leis.

Tudo isso não livra Rumkowski de suas responsabilidades. Dói e fere que um Rumkowski tenha surgido da aflição de Lódź; se tivesse sobrevivido à sua tragédia, e à tragédia do gueto por ele conspurcada com a sobreposição de sua imagem de histrião, nenhum tribunal o teria absolvido, nem certamente o podemos absolver no plano moral. Mas ele tem atenuantes: uma ordem infernal, como o nacional-socialismo, exerce um espantoso poder de corrupção, do qual é difícil escapar. Degrada suas vítimas e torna-as semelhantes a si, porque lhes são necessárias cumplicidades, grandes e pequenas. Para resistir a ela, é preciso uma envergadura moral muito sólida, e aquela de que dispunha Chaim Rumkowski, o comerciante de Lódź, junto com toda a sua geração, era frágil: mas nós, europeus de hoje, a teríamos forte? Como se comportaria cada um de nós se fôssemos premidos pela necessidade e, ao mesmo tempo, atraídos pela sedução?

A história de Rumkowski é a história desagradável e inquietante dos *Kapos* e dos funcionários dos *Lager*, dos chefetes que servem a um regime a cujos crimes se mostram deliberadamente cegos; dos subordinados que assinam tudo, porque uma assinatura custa pouco; de quem balança a cabeça, mas consente; de quem diz: "Se eu não o fizer, um outro pior do que eu o fará."

Nessa faixa de consciências medianas deve colocar-se Rumkowski, figura simbólica e exemplar. Se no alto ou embaixo, é difícil dizer: só ele poderia esclarecer isto se pudesse falar diante de nós, talvez até mentindo, como sempre mentia, inclusive a si mesmo; de qualquer modo, ajudar-nos-ia a compreendê-lo, tal como todo acusado ajuda o seu juiz, mesmo que não queira, mesmo que minta, porque a capacidade do homem de representar um papel não é ilimitada.

Mas tudo isso não basta para explicar o sentido de urgência e de ameaça que emana dessa história. Talvez seu significado seja mais amplo: em Rumkowski nos espelhamos todos, sua ambiguidade é nossa, congênita, híbridos – que somos – de barro e espírito; sua febre é nossa, é a de nossa civilização ocidental que "desce ao inferno com trompas e tambores", e seus miseráveis ouropéis são a imagem distorcida de nossos símbolos de prestígio social. Sua loucura é a do homem presunçoso e mortal, como o descreve Isabella em *Misura per misura*, o homem que,

> ... ammantato d'autorità precaria,
> di ciò ignaro di cui si crede certo,
> – della sua essenza, ch'è di vetro – quale
> una scimmia arrabbiata, gioca tali
> insulse buffonate sotto il cielo
> da far piangere gli angeli.*

Como Rumkowski, também nós somos ofuscados pelo poder e pelo prestígio a ponto de esquecer nossa fragilidade essencial: pactuamos com o poder, de bom grado ou não, esquecendo que no gueto estamos todos, que o gueto está cercado, que além de seu perímetro estão os senhores da morte, e que não muito distante espera o trem.

---

* "... coberto de precária autoridade, / ignaro daquilo de que se crê certo, / – de sua essência, que é de vidro –, / qual um mono irado, representa / tanta insulsa estupidez sob os céus / que faz chorar os anjos." (*N. do T.*)

III
A VERGONHA

Existe um quadro estereotipado, proposto infinitas vezes, consagrado pela literatura e pela poesia, registrado pelo cinema: ao fim da tempestade, quando sobrevém a "quietude após a tormenta", todo coração se alegra. "Sair da aflição nos traz prazer." Após a doença retorna a saúde; para romper as cadeias chegam os nossos, os libertadores, com as bandeiras desfraldadas; o soldado volta e reencontra a família e a paz.

A julgar pelas narrativas feitas por muitos sobreviventes e pelas minhas próprias recordações, o pessimista Leopardi, nesta sua representação, foi além da verdade: malgrado ele mesmo, demonstrou-se otimista. Na maior parte dos casos, a hora da libertação não foi nem alegre nem despreocupada: soava em geral num contexto trágico de destruição, massacre e sofrimento. Naquele momento, quando voltávamos a nos sentir homens, ou seja, responsáveis, retornavam as angústias dos homens: a angústia da família dispersa ou perdida; da dor universal ao redor; do próprio cansaço, que parecia definitivo, não mais remediável; da vida a ser recomeçada em meio às ruínas, muitas vezes só. Não "prazer, filho da aflição": aflição, filha da aflição. Sair do tormento foi um prazer somente para uns poucos afortunados, ou somente por poucos instantes, ou para almas simples; quase sempre coincidiu com uma fase de angústia.

A angústia é conhecida de todos, desde a infância, e todos sabem que muitas vezes é branca, indiferenciada. É raro trazer uma etiqueta legível, contendo sua motivação; quando a traz, muitas vezes é falsa. Podemos crer-nos ou declarar-nos angustiados por um motivo, e sê-lo por outro inteiramente diferente: crer que sofremos diante do futuro, mas sofrer pelo próprio passado; crer que sofremos pelos outros, por piedade, por compaixão, mas sofrer por motivos nossos, mais ou menos profundos, mais ou menos confessáveis e confessados; às vezes tão profundos que só o especialista, o analista de almas, sabe como desenterrá-los.

Naturalmente, não ouso afirmar que a sequência a que aludi seja falsa em qualquer caso. Muitas libertações foram vividas com alegria plena, autêntica: sobretudo por parte dos combatentes, militares ou políticos, que viam realizar-se naquele momento as aspirações de sua militância e de sua vida; além disso, por parte de quem sofrerá menos, ou por menos tempo, ou sozinho, e não por familiares, amigos ou pessoas queridas. E depois, por sorte, os seres humanos não são todos iguais: entre nós, existe também quem tem a virtude e o privilégio de separar, isolar aqueles instantes de alegria, gozando-os plenamente, como quem extrai ouro puro da ganga. E finalmente, entre os testemunhos lidos ou ouvidos, há também aqueles inconscientemente estilizados, nos quais a convenção prevalece sobre a memória genuína: "Quem é libertado da escravidão, experimenta alegria com isto; eu fui libertado, logo também experimentei alegria. Em todos os filmes, em todos os romances, como no *Fidélio*, o rompimento das cadeias é um momento de júbilo solene ou fervoroso; portanto, também o meu foi assim." É este um caso particular daquela derivação das recordações que mencionei no primeiro capítulo, e que se acentua com o passar dos anos e com o acúmulo das experiências alheias, verdadeiras ou supostas, sobre a camada das próprias experiências. Mas quem, deliberadamente ou por temperamento, se mantém longe da retórica fala normalmente em outro tom. Assim, por exemplo, descreve sua libertação o já mencionado Filip Müller – que também teve uma experiência muito mais terrível do que a minha – na última página de suas memórias, *Eyewitness Auschwitz – Three Years in the Gas Chambers*:

> Por mais que possa parecer incrível, experimentei um completo abatimento. Aquele momento, sobre o qual há três anos se haviam concentrado todos os meus pensamentos e os meus desejos secretos, não

suscitou em mim nem felicidade nem qualquer outro sentimento. Saí de meu estrado e me arrastei até a porta. Assim que me vi do lado de fora, me esforcei em vão para prosseguir, depois simplesmente me estirei por terra, no bosque, e caí no sono.

Agora releio passagem de *A trégua*. O livro foi publicado só em 1963, mas eu havia escrito essas palavras a partir de 1947; fala-se dos primeiros soldados russos em presença de nosso *Lager* cheio de cadáveres e de moribundos:

> Não saudavam, não sorriam; pareciam oprimidos não só pela piedade mas também por uma discrição confusa, que cerrava suas bocas e prendia seus olhos ao cenário fúnebre. Era a mesma vergonha bem conhecida de nós, aquela que nos acometia após as seleções e sempre que nos cabia presenciar ou sofrer um ultraje: a vergonha que os alemães não conheceram, que o justo experimenta em face do crime cometido por outros, e lhe aflige que exista, que tenha sido introduzida irrevogavelmente no mundo das coisas que existem, e que sua vontade tenha sido nula ou pouca, e não tenha valido como defesa.

Não acredito ter nada a cortar ou a corrigir, mas sim algo a acrescentar. É um fato verificado e confirmado por numerosos depoimentos que muitos (e eu mesmo) tenham experimentado "vergonha", isto é, sentimento de culpa, durante o confinamento e depois. Pode parecer absurdo, mas existe. Tentarei interpretar isto por mim mesmo e comentar as interpretações dos outros.

Como aludi no início, o mal-estar indefinido que acompanhava a libertação talvez não fosse propriamente vergonha, mas era percebido como tal. Por quê? Podem-se tentar várias explicações.

Excluirei do exame alguns casos excepcionais: os prisioneiros, quase todos políticos, que tiveram a força e a possibilidade de agir dentro do *Lager* em defesa e em benefício de seus companheiros. Nós, a quase totalidade dos prisioneiros comuns, os ignorávamos, nem mesmo suspeitávamos de sua existência: coisa lógica, já que, por óbvia necessidade política e policial (a Seção Política de Auschwitz não era nada além de um ramo da Gestapo), eles deviam operar em segredo, não só em relação aos alemães mas também a todos. Em Auschwitz, império concentracionário que em minha época se constituía de judeus numa proporção de 95%, essa pequena rede política era embrionária; eu assisti a um só episódio que deveria fazer-me intuir algo se não estivesse esmagado pela atribulação de todos os dias.

Em maio de 1944, nosso quase inócuo *Kapo* foi substituído, e o recém-chegado se mostrou um indivíduo temível. Todos os *Kapos* espancavam: isto fazia parte óbvia de seu ofício, era sua linguagem mais ou menos aceita; de resto, era a única linguagem que naquela perpétua Babel podia ser verdadeiramente entendida por todos. Em suas várias gradações, era entendida como incitamento ao trabalho, como admoestação ou punição, e na hierarquia dos suplícios ocupava os últimos lugares. Ora, o novo *Kapo* espancava de modo diferente, de modo convulsivo, maligno, perverso: no nariz, nas canelas, nos genitais. Batia para fazer mal, para produzir sofrimento e humilhação. Nem era, como muitos outros, por cego ódio racial, mas pela vontade declarada de infligir dor, indiscriminadamente e sem um pretexto, em todos os seus subordinados. É provável que fosse um doente mental, mas está claro que, naquelas condições, a indulgência que em relação a esses doentes sentimos hoje como obrigatória seria destituída de sentido. Falei disso com um colega, um comunista judeu da Croácia: o que fazer? Como defender-se? Agir coletivamente? Ele sorriu estranhamente e apenas me disse: "Você verá que ele não vai durar muito." De fato, o espancador desapareceu em uma semana. Mas, anos mais tarde, num simpósio de sobreviventes, soube que alguns prisioneiros políticos com funções no Escritório do Trabalho dentro do campo tinham o poder terrível de substituir os números de identificação nas listas dos prisioneiros destinados ao gás. Quem tinha a oportunidade e a vontade de agir assim, de enfrentar assim ou de outra forma a máquina do *Lager*, estava imune à "vergonha": ou, pelo menos, daquela de que estou falando, porque talvez sinta uma outra.

Igualmente imune devia estar Sivadjan, homem silencioso e tranquilo que citei casualmente em *É isto um homem?*, no capítulo "O canto de Ulisses", de quem soube na mesma ocasião que introduzia explosivo no campo, com vistas a uma possível insurreição.

A meu ver, o sentimento de vergonha ou de culpa que coincidia com a liberdade reconquistada era fortemente complexo: continha em si elementos diferentes, e em proporções diferentes para cada indivíduo singular. Deve-se recordar que cada um de nós, seja objetivamente, seja subjetivamente, viveu o *Lager* a seu modo.

À saída da escuridão, sofria-se em razão da consciência readquirida de ter sido aviltado. Não por vontade, não por pusilanimidade, nem por culpa, vivêramos durante meses ou anos num nível animalesco: nossos dias tinham sido assolados, desde a madrugada até a noite, pela fome, pelo cansaço, pelo frio, pelo medo, e o espaço para pensar, para raciocinar, para ter afeto, tinha sido anulado. Suportáramos a sujeira, a promiscuidade e a destituição, sofrendo com elas muito menos do que sofreríamos na vida normal, porque nosso metro moral havia mudado. Além disso, todos roubáramos: na cozinha, na fábrica, no campo, roubáramos "dos outros", da contraparte, mas era furto do mesmo modo; alguns (poucos) se rebaixaram até o ponto de roubar o pão do próprio companheiro. Esquecêramos não só nosso país e nossa cultura, mas a família, o passado, o futuro que nos havíamos proposto, porque, como os animais, estávamos restritos ao momento presente. Dessa condição de aviltamento saíamos só a raros intervalos, nos pouquíssimos domingos de repouso, nos minutos fugazes antes de cair no sono, durante a fúria dos bombardeios aéreos, mas eram saídas dolorosas, justamente porque nos davam oportunidade de medir, de fora, nossa diminuição.

Creio que é exatamente a esse recuo para observar a "água perigosa" que se devem os muitos casos de suicídio após (às vezes, logo após) a libertação. Era sempre um momento crítico, que coincidia com uma vaga de revisão e de depressão. Inversamente, todos os historiadores dos *Lager*, inclusive dos soviéticos, são concordes em observar que os casos de suicídio *durante* o cativeiro eram raros. Tentaram-se diferentes explicações para o fato; por minha vez, proponho três, que não se excluem reciprocamente.

Primeiro: o suicídio é próprio do homem e não do animal, isto é, trata-se de um ato meditado, uma escolha não instintiva, não natural; e no *Lager* havia poucas oportunidades de escolher, vivia-se justamente como os animais subjugados, que às vezes se deixavam morrer, mas não se matam. Segundo: "havia mais em que pensar", como se diz comumente. O dia estava ocupado: tinha-se de pensar em satisfazer a fome, em evitar de algum modo o cansaço e o frio, em escapar dos golpes; justamente pela iminência constante da morte, faltava o tempo para concentrar-se na ideia da morte. Tem a rudeza da verdade a observação de Svevo, em *A consciência de Zeno*, quando descreve sem piedade a agonia do pai: "Quando se morre, há mais o que fazer do que pensar na morte. Todo o seu organismo estava dedicado à respiração." Terceiro: na maior parte dos casos, o suicídio nasce de um sentimento de culpa que nenhuma punição conseguiu atenuar; ora, a dureza do cativeiro era percebida como uma punição, e o sentimento de culpa (se há punição, uma culpa deve ter havido) estava relegado ao segundo plano, ressurgindo após a libertação: em outras palavras, não era preciso punir-se com o suicídio por uma culpa (verdadeira ou suposta) que já se expiava com o sofrimento de todos os dias.

Qual culpa? Depois de tudo, emergia a consciência de não ter feito nada, ou de não ter feito o suficiente, contra o sistema no qual fôramos absorvidos. Da falta de resistência nos *Lager*, ou melhor, em alguns *Lager*, se falou demais e com demasiada superficialidade, sobretudo por parte de quem tinha outros tipos de culpa para dar conta. Quem passou pela prova sabe que existiam situações, coletivas e pessoais, nas quais uma resistência ativa era possível; e outras, muito mais frequentes, nas quais não o era. Sabe-se que, especialmente em 1941, caíram em mãos alemãs milhões de prisioneiros militares soviéticos. Eram jovens, em sua maioria bem nutridos e robustos, tinham uma preparação militar e política, muitas vezes constituíam unidades orgânicas com militares graduados, suboficiais e oficiais; odiavam os alemães, que haviam invadido seu território; no entanto, raramente resistiram. A desnutrição, a privação e os outros sofrimentos físicos, que é tão fácil e econômico provocar e em que os nazistas eram mestres, são rapidamente destrutivos e, antes de destruir, paralisam; ainda mais quando são precedidos por anos de segregação, humilhação, maus-tratos, migrações forçadas, dilaceramento dos laços familiares, ruptura dos contatos com o resto do mundo. Ora, essa era a condição da maior parte dos prisioneiros que chegavam a Auschwitz, após o inferno preparatório dos guetos ou dos campos de triagem.

Por isso, no plano racional não haveria muito do que se envergonhar, mas a vergonha restava do mesmo modo, sobretudo diante dos poucos, lúcidos exemplos de quem tivera a força e a possibilidade de resistir; aludi a isto no capítulo "O último", de *É isto um homem?*, no qual se descreve o enforcamento público de um resistente diante da multidão aterrada e apática dos prisioneiros. Trata-se de um pensamento que então nos tocara apenas de leve, mas que voltou "depois": também você talvez pudesse, certamente devia; e é um julgamento que o sobrevivente vê, ou acredita ver, nos olhos daqueles (especialmente dos jovens) que escutam suas narrações e julgam com facilidade os fatos passados; ou que, quem sabe, sente ser-lhe endereçado sem piedade. Conscientemente ou não, sente-se acusado e julgado, forçado a justificar-se e a defender-se.

Mais realista é a autoacusação, ou a acusação, de ter falhado no aspecto da solidariedade humana. Poucos sobreviventes se sentem culpados de ter deliberadamente lesado, subtraído, golpeado um companheiro: quem o fez (os *Kapos*, mas não só eles) trata de recalcar a lembrança; inversamente, quase todos se sentem culpados de omissão de socorro. A presença a seu lado de um companheiro mais fraco, ou mais indefeso, ou mais velho, ou demasiado jovem, que o assedia com pedidos de ajuda, ou com a simples "presença" que por si só é uma súplica, é uma constante da vida do *Lager*. O pedido de solidariedade, de uma palavra humana, de um conselho ou apenas de atenção era permanente e universal, mas raramente encontrava satisfação. Faltavam o tempo, o espaço, a privacidade, a paciência, a força; no mais das vezes, aquele a quem o pedido era dirigido se achava, por seu turno, num estado de carência, de crédito.

Lembro com um certo alívio ter uma vez tentado encorajar (num momento em que me sentia capaz) um rapaz italiano recém-chegado, que se debatia no desespero sem fundo dos primeiros dias do campo: esqueci o que lhe falei, certamente palavras de esperança, talvez uma mentira adequada a um "novato", dita com a autoridade de meus vinte e cinco anos e de meus três meses de experiência; seja como for, prestei-lhe uma atenção momentânea. Mas lembro também, com mal-estar, ter alçado os ombros com impaciência muito mais vezes diante de outras súplicas, e isto justamente quando tinha já quase um ano de campo e, portanto, acumulava uma boa dose de experiência: no entanto, havia também assimilado profundamente a regra principal do lugar, que prescrevia a cada qual cuidar antes de tudo de si mesmo. Jamais encontrei esta regra expressa com tanta franqueza quanto no livro *Prisoners of Fear*, de Ella Lingens-Reiner (no qual, porém, a frase é atribuída a uma doutora que, contra seu enunciado, se revelou generosa e corajosa, salvando muitas vidas):

> Como pude sobreviver a Auschwitz? Meu princípio é: em primeiro lugar, em segundo e em terceiro estou eu. Depois mais nada. Então, eu de novo; e depois, todos os outros.

Em agosto de 1944, fazia muito calor em Auschwitz. Um vento quente, tropical, levantava nuvens de pó dos edifícios arruinados pelos bombardeios aéreos, secava-nos o suor no corpo e engrossava-nos o sangue nas veias. Minha equipe fora mandada a um depósito para retirar os escombros, e todos sofríamos com a sede; um castigo novo, que se somava ou, antes, se multiplicava com o velho castigo da fome. Nem no campo nem nas áreas de trabalho havia água potável; naqueles dias, muitas vezes faltava até a água dos lavatórios, não potável, mas adequada para nos refrescar e livrar da poeira. Normalmente, para satisfazer a sede bastavam com sobras a sopa da noite e o sucedâneo de café que era distribuído pelas dez da manhã; agora não bastavam mais, e a sede nos atormentava. É mais imperiosa do que a fome: a fome obedece aos nervos, concede adiamento, pode ser temporariamente coberta por uma emoção, uma dor, um medo (percebêramos isto na viagem de trem desde a Itália); mas não a sede, que não dá trégua. A fome extenua, a sede enfurece; naqueles dias ela nos acompanhava de dia e de noite: de dia, nos locais de trabalho, cuja ordem (nossa inimiga, mas de qualquer modo uma ordem, um lugar de coisas lógicas e certas) se havia transformado num caos de objetos despedaçados; de noite, nos alojamentos carentes de ventilação, onde arquejávamos no ar cem vezes respirado.

O canto do depósito que me fora confiado pelo *Kapo* para que o desentulhasse era contíguo a um amplo local ocupado por apetrechos químicos em curso de instalação, mas já danificados pelas bombas. Ao longo da parede, vertical, havia um cano de duas polegadas, que terminava com uma torneira pouco acima do pavimento. Uma tubulação de água? Experimentei abrir a torneira, estava só, ninguém me via. Estava emperrada, mas, usando uma pedra como martelo, consegui deslocá-la alguns milímetros. Saíram algumas gotas, não tinham cheiro, recolhi-as nos dedos: parecia mesmo água. Não tinha recipiente; as gotas pingavam lentas, sem pressão: a tubulação devia estar cheia até somente a metade, talvez menos. Estirei-me por terra com a boca debaixo da torneira, sem tentar abri-la mais: era uma água aquecida pelo sol, insípida, talvez destilada ou de condensação; de qualquer modo, uma delícia.

Quanta água pode conter um cano de duas polegadas, com uma altura de um metro ou dois? Um litro, talvez nem isso. Podia bebê-la toda imediatamente, seria o caminho mais seguro. Ou deixar um pouco para o dia seguinte. Ou dividi-la meio a meio com Alberto. Ou revelar o segredo a toda a equipe.

Escolhi a terceira alternativa, aquela do egoísmo estendido a quem lhe está mais vizinho, que um amigo meu num tempo distante chamou apropriadamente de "nós-ismo". Bebemos toda aquela água, a pequenos sorvos avaros, alternando-nos sob a torneira, só nós dois. Em segredo; mas na marcha de volta para o campo me vi ao lado de Daniele, todo cinza de pó de cimento, com os lábios rachados e os olhos luzidios, e me senti culpado. Troquei um olhar com Alberto, compreendemo-nos de imediato, esperando que ninguém nos tivesse visto. Mas Daniele nos entrevira naquela estranha posição, deitados junto à parede em meio aos escombros, suspeitara de alguma coisa e depois adivinhara. Disse-me isso com dureza muitos meses depois, na Rússia Branca, após a libertação: por que vocês dois, e eu não? Era o código moral "civilizado" que ressurgia, o mesmo código pelo qual a mim, homem hoje livre, se revela terrível a condenação à morte do *Kapo* espancador, decidida e realizada sem apelação, em silêncio, com um movimento de borracha de apagar. Justifica-se ou não a vergonha posterior? Não consegui saber então, assim como não consigo hoje, mas a vergonha havia e há, concreta, pesada, perene. Daniele agora está morto, mas em nossos encontros de sobreviventes, fraternos, afetuosos, o véu daquele ato que não se deu, daquela água pouca não compartilhada, estava entre nós, transparente, inexpresso, mas perceptível e "custoso".

Mudar de código moral é sempre custoso: sabem-no todos os heréticos, os apóstatas e os dissidentes. Não mais somos capazes de julgar nosso comportamento e o alheio, tido noutra época segundo o código de então, com base no código de hoje; mas se parece justa a cólera que nos invade quando vemos que algum dos "outros" se sente autorizado a nos julgar a nós, "apóstatas", ou melhor, reconvertidos.

Você tem vergonha porque está vivo no lugar de um outro? E, particularmente, de um homem mais generoso, mais sensível, mais sábio, mais útil, mais digno de viver? É impossível evitar isso: você se examina, repassa todas as suas recordações, esperando encontrá-las todas, e que nenhuma delas se tenha mascarado ou travestido; não, você não vê transgressões evidentes, não defraudou ninguém, não espancou (mas teria força para tanto?), não aceitou encargos (mas não lhe ofereceram...), não roubou o pão de ninguém; no entanto, é impossível evitar. É só uma suposição ou, antes, a sombra de uma suspeita: a de que cada qual seja o Caim do seu irmão e cada um de nós (mas desta vez digo "nós" num sentido muito amplo, ou melhor, universal) tenha defraudado seu próximo, vivendo em lugar dele. É uma suposição, mas corrói; penetrou profundamente, como uma carcoma; de fora não se vê, mas corrói e grita.

Ao retornar do campo, veio visitar-me um amigo mais velho do que eu, sereno e intransigente, cultor de uma religião sua, pessoal, mas que sempre me pareceu severa e séria. Estava contente de me reencontrar vivo e substancialmente ileso, talvez amadurecido e fortalecido, certamente mais rico. Disse-me que o fato de ter sobrevivido não podia ter sido obra do acaso, de um acúmulo de circunstâncias afortunadas (como sustentava e como ainda sustento), mas sim da Providência. Eu era um escolhido, um eleito: eu, o não crente, e ainda menos crente após o período de Auschwitz, fora tocado pela Graça, um salvo. E por que justamente eu? Não se pode saber, ele me respondeu. Talvez porque escrevesse, e, escrevendo, trouxesse um testemunho: com efeito, não estava escrevendo então, em 1946, um livro sobre meu cativeiro?

Essa opinião me pareceu monstruosa. Doeu-me como quando se toca um nervo exposto, reavivando a dúvida que expus acima: poderia estar vivo no lugar de um outro, à custa de um outro; poderia ter defraudado, ou seja, matado efetivamente. Os "salvos" do *Lager* não eram os melhores, os predestinados ao bem, os portadores de uma mensagem: tudo o que eu tinha visto e vivido demonstrava o exato contrário. Sobreviviam de preferência os piores, os egoístas, os violentos, os insensíveis, os colaboradores da "zona cinzenta", os delatores. Não era uma regra certa (não havia nem há, nas coisas humanas, regras certas), mas era de qualquer modo uma regra. Decerto me sentia inocente, mas, arrolado entre os sobreviventes, buscava permanentemente uma justificativa diante de meus olhos e dos de outros. Sobreviviam os piores, isto é, os mais adaptados; os melhores, todos, morreram.

Morreu Chajim, relojoeiro de Cracóvia, judeu piedoso, que a despeito das dificuldades de linguagem se esforçara por me entender e por se fazer entender, explicando a mim, estrangeiro, as regras essenciais de sobrevivência nos primeiros dias cruciais de encarceramento; morreu Szabó, o taciturno camponês húngaro, que, tendo quase dois metros de altura, tinha mais fome do que todos, mas que, enquanto teve forças, não hesitou em ajudar os companheiros mais fracos a se erguerem e seguirem adiante; e Robert, professor da Sorbonne, que irradiava coragem e confiança ao redor de si, falava cinco línguas, se consumia em registrar tudo em sua memória prodigiosa, e, caso vivesse, teria respondido aos porquês a que eu não sei responder; morreu Baruch, estivador do porto de Livorno, imediatamente, no primeiro dia, porque respondeu com socos ao primeiro soco que recebera, e foi massacrado por três *Kapos* juntos. Estes, e inúmeros outros, morreram não malgrado seu valor, mas por causa de seu valor.

O amigo religioso me dissera que eu sobrevivera a fim de testemunhar. Eu o fiz da melhor forma que pude, e não teria podido deixar de fazê-lo; e ainda o faço, sempre que se me apresenta a ocasião; mas a ideia de que o privilégio de sobreviver aos outros e de viver por muitos anos sem maiores problemas tenha propiciado este meu testemunho, esta ideia me inquieta, porque não vejo proporção entre o privilégio e o resultado.

Repito, não somos nós, os sobreviventes, as autênticas testemunhas. Esta é uma noção incômoda, da qual tomei consciência pouco a pouco, lendo as memórias dos outros e relendo as minhas muitos anos depois. Nós, sobreviventes, somos uma minoria anômala, além de exígua: somos aqueles que, por prevaricação, habilidade ou sorte, não tocamos o fundo. Quem o fez, quem fitou a górgona, não voltou para contar, ou voltou mudo; mas são eles, os "muçulmanos", os que submergiram – são eles as testemunhas integrais, cujo depoimento teria um significado geral. Eles são a regra, nós, a exceção. Sob um outro céu, mas sobrevivente de uma escravidão análoga e diferente, também Soljenitsin observou isso:

> Quase todos aqueles que sofreram uma longa pena, e com os quais nos congratulamos na condição de sobreviventes, são indiscutivelmente *pridurki*, ou o foram durante a maior parte do encarceramento. Porque os Lager são de extermínio, o que não deve ser esquecido.

Na linguagem daquele outro universo concentracionário, chamam-se *pridurki* os prisioneiros que, de um modo ou de outro, obtiveram para si uma posição de privilégio; são aqueles que entre nós se chamavam os Proeminentes.

Nós, tocados pela sorte, tentamos narrar com maior ou menor sabedoria não só nosso destino, mas também aquele dos outros, dos que submergiram: mas tem sido um discurso "em nome de terceiros", a narração de coisas vistas de perto, não experimentadas pessoalmente. A demolição levada a cabo, a obra consumada, ninguém a narrou, assim como ninguém jamais voltou para contar sua morte. Os que submergiram, ainda que tivessem papel e tinta, não teriam testemunhado, porque sua morte começara antes da morte corporal. Semanas e meses antes de morrer, já tinham perdido a capacidade de observar, recordar, medir e se expressar. Falamos nós em lugar deles, por delegação.

Eu não saberia dizer se o fizemos, ou o fazemos, por uma espécie de obrigação moral para com os emudecidos ou, então, para nos livrarmos de sua memória: com certeza o fazemos por um impulso forte e duradouro. Não creio que os psicanalistas (que se atiraram sobre nossa trama com avidez profissional) sejam competentes para explicar esse impulso. Seu saber foi construído e verificado "fora", no mundo que por simplicidade chamamos de civilizado: reproduz-lhe a fenomenologia e tenta explicá-la; estuda-lhes os desvios e tenta curá-los. Suas interpretações, mesmo aquelas de quem, como Bruno Bettelheim, passou pela prova do *Lager*, me parecem aproximativas e simplificadas, como as de quem quisesse aplicar os teoremas da geometria plana à resolução dos triângulos esféricos. Os mecanismos mentais dos *Häftlinge** eram diferentes dos nossos; curiosamente, e paralelamente, diversa era também sua fisiologia e patologia. No *Lager*, o resfriado e a gripe eram desconhecidos, mas se morria, às vezes subitamente, por males que os médicos jamais tiveram oportunidade de estudar. Saravam (ou se tornavam assintomáticas) as úlceras gástricas e as doenças mentais, mas todos sofriam de um mal-estar incessante, que perturbava o sono e que não tem nome. Defini-lo como "neurose" é redutivo e ridículo. Talvez fosse mais justo nele reconhecer uma angústia atávica, aquela cujo eco se sente no segundo versículo do Gênesis: a angústia – inscrita

---

* Prisioneiros. *(N. do T.)*

em cada qual – do *tòhu vavòhu*, do universo deserto e vazio, esmagado sob o espírito de Deus, mas do qual o espírito do homem está ausente: ainda não nascido ou já extinto.

E há uma outra vergonha mais ampla, a vergonha do mundo. John Donne disse admiravelmente, e foi citado inúmeras vezes com ou sem propósito, que "nenhum homem é uma ilha" e cada sinal de morte ressoa para todos. No entanto, existe quem, diante da culpa alheia ou da própria, dá as costas a fim de não vê-la nem se sentir por ela tocado: foi o que fez a maior parte dos alemães nos doze anos hitlerianos, na ilusão de que não ver significasse não saber e que não saber os livrasse de sua cota de cumplicidade ou de conivência. Mas a nós o biombo da ignorância deliberada, o *partial shelter* de T. S. Elliot, foi negado: não pudemos deixar de ver. O mar de dor, passado e presente, nos circundava, e seu nível subia de ano em ano até quase nos fazer submergir. Era inútil fechar os olhos ou virar-lhe as costas, porque estava inteiramente em torno de nós, em toda direção até o horizonte. Não nos era possível, nem quisemos, ser ilhas; entre nós, os justos, nem mais nem menos numerosos do que em qualquer outro grupo humano, experimentaram remorso, vergonha, dor – em resumo –, pelo crime que outros, e não eles, tinham cometido, e no qual se sentiram envolvidos, porque sentiam que tudo quanto acontecera em torno deles, em sua presença, e neles, era irrevogável. Jamais poderia ser cancelado; demonstrava que o homem, o gênero humano, nós, em suma, éramos potencialmente capazes de construir uma quantidade infinita de dor; e que a dor é a única força que se cria do nada, sem custo e sem cansaço. Basta não ver, não ouvir, não fazer.

Muitas vezes nos é perguntado, como se nosso passado nos conferisse uma virtude profética, se "Auschwitz" retornará: ou seja, se acontecerão outros extermínios em massa, unilaterais, sistemáticos, mecanizados, intencionais em nível de governo, perpetrados contra populações inocentes e inermes, e legitimados pela doutrina do desprezo. Para nossa sorte não somos profetas, mas algo se pode dizer. Pode-se dizer que uma tragédia análoga, quase ignorada no Ocidente, ocorreu por volta de 1975, no Camboja; que o massacre alemão pôde ser deflagrado, depois se alimentando de si mesmo, por ânsia de servidão e por mesquinhez de espírito, graças à combinação de alguns fatores (o estado de guerra; o perfeccionismo tecnológico e organizativo alemão; a vontade e o carisma de Hitler; a ausência, na Alemanha, de sólidas raízes democráticas), não muito numerosos, cada um deles indispensável mas insuficiente se tomado isoladamente. Esses fatores podem reproduzir-se, e parcialmente já se estão reproduzindo, em várias partes do mundo. A recombinação de todos, em dez ou vinte anos (de um futuro mais distante não faz sentido falar), é pouco provável mas não impossível. A meu ver, um massacre de massas é particularmente improvável no mundo ocidental, no Japão e mesmo na União Soviética: os *Lager* da Segunda Guerra Mundial ainda estão na memória de muitos, seja em nível de população, seja de governo, e está em ação uma espécie de defesa imunológica, que coincide amplamente com a vergonha da qual falei.

Acerca do que pode ocorrer em outras partes do mundo, ou depois, é prudente suspender o juízo; e o apocalipse nuclear, certamente bilateral, provavelmente instantâneo e definitivo, é um horror maior e diferente, estranho, novo, que supera o tema que escolhi.

IV
COMUNICAR

O termo "incomunicabilidade", tão em voga nos anos 70, jamais me agradou; em primeiro lugar, porque é um monstro linguístico, em segundo por razões mais pessoais.

No mundo normal de hoje, aquele que por convenção e por contraste chamamos de "civilizado" ou de "livre", quase nunca acontece chocarmo-nos contra uma barreira linguística total: encontrarmo-nos diante de um ser humano com o qual devemos absolutamente estabelecer uma comunicação, sob risco de vida, e não conseguirmos. Disso deu um exemplo famoso, mas incompleto, Antonioni em *O deserto vermelho*, no episódio em que a protagonista encontra na noite um marinheiro turco que não sabe uma palavra de nenhuma língua senão a sua, e tenta em vão se fazer entender. Incompleto, porque de ambas as partes, mesmo daquela do marinheiro, a vontade de comunicar existe: ou, pelo menos, falta a vontade de recusar o contato.

Segundo uma teoria em voga naqueles anos, e que me parece frívola e irritante, a "incomunicabilidade" seria um ingrediente inevitável, uma condenação perpétua inserida na condição humana, em especial no modo de viver da sociedade industrial: somos mônadas, incapazes de mensagens recíprocas, ou só capazes de mensagens truncadas, falsas desde a emissão, desentendidas na recepção. O discurso é fictício, puro ruído, véu postiço que recobre o silêncio existencial; pobres de nós, somos sós, mesmo se (ou especialmente se) vivemos a dois. Parece-me que essa lamentação procede de preguiça mental e a revela; certamente, encoraja-a, num perigoso círculo vicioso. Salvo casos de incapacidade patológica, pode e deve comunicar-se: é um modo útil e fácil de contribuir para a paz alheia e a própria, porque o silêncio, a ausência de sinais, é por vez um sinal, mas ambíguo, e a ambiguidade gera inquietude e suspeição. Negar que se pode comunicar é falso: sempre se pode. Recusar a comunicação é crime; para a comunicação, e especialmente para aquela sua forma altamente evoluída e nobre que é a linguagem, somos biologicamente e socialmente predispostos. Todas as raças humanas falam; nenhuma espécie não humana sabe falar.

Também sob o aspecto da comunicação, ou melhor, da não comunicação, nossa experiência de sobreviventes é peculiar. É um cansativo costume nosso intervir quando alguém (os filhos!) fala de frio, de fome ou de cansaço. Vocês, o que sabem disso? Deveriam passar pelo que passamos. Por razões de bom gosto e de boa vizinhança, buscamos em geral resistir à tentação destas intervenções próprias de *miles gloriosus*; a qual, porém, para mim se torna imperiosa justamente quando ouço falar de comunicação malograda ou impossível. "Deveriam passar pelo que passamos." Não é comparável com o turista que vai à Finlândia ou ao Japão e encontra interlocutores aloglotas, mas profissionalmente (ou mesmo espontaneamente) gentis e bem-intencionados, que se esforçam por entendê-lo e lhe ser úteis: de resto, quem é que num canto qualquer do mundo não balbucia um pouco de inglês? E os pedidos dos turistas são poucos, sempre os mesmos: assim, as aporias são raras, e o quase não entendimento pode até ficar divertido como uma brincadeira.

É certamente mais dramático o caso do imigrante, o italiano na América há cem anos, o turco, o marroquino ou o paquistanês na Alemanha ou na Suécia hoje. Aqui não se trata mais de uma rápida incursão sem imprevistos, levada a efeito ao longo das trilhas bem testadas das agências de viagem: trata-se de uma transplantação, talvez definitiva; é uma inserção num trabalho que hoje raramente é elementar e no qual a compreensão da palavra, pronunciada ou escrita, é necessária; comporta relações humanas indispensáveis com os vizinhos de casa, os lojistas, os colegas, os superiores: no trabalho, na rua, no bar, com gente estranha, de costumes diversos, muitas vezes hostil. Mas os corretivos não faltam, a própria sociedade capitalista é bastante inteligente para compreender que aqui seu lucro coincide amplamente com o rendimento do "trabalhador de fora" e, portanto, com seu bem-estar e sua inserção. É-lhe concedido trazer a família, ou seja, um pedaço da pátria; bem ou mal é providenciado um alojamento; ele pode (às vezes deve) frequentar escolas de língua. O surdo-mudo que desembarca do trem é ajudado, talvez sem amor, não sem eficiência, e em breve readquire a palavra.

Nós vivemos a incomunicabilidade de modo mais radical. Refiro-me em especial aos deportados italianos, iugoslavos e gregos; em medida menor, aos franceses, entre os quais muitos eram de origem polonesa ou alemã, e alguns, sendo alsacianos, entendiam bem o alemão; e a muitos húngaros, que provinham do campo. Para nós, italianos, o choque contra a barreira linguística ocorreu dramaticamente já antes da deportação, ainda na Itália, no momento em que os funcionários da Segurança Pública italiana nos cederam, com visível relutância, aos SS, que em fevereiro de 1944 se arrogaram a gestão do campo de triagem de Fòssoli, perto de Módena. Logo nos demos conta, desde os primeiros contatos com os homens desdenhosos com distintivos negros, de que saber ou não o alemão era um divisor de águas. Com quem os compreendia e lhes respondia de modo articulado, instaurava-se uma aparência de relação humana. A quem não os compreendia os homens de negro reagiam de um modo que nos espantou e amedrontou: a ordem, que havia sido pronunciada com a voz tranquila de quem sabe que será obedecido, era repetida em voz alta e enfurecida, depois berrada a plenos pulmões, como se faria com um surdo, ou melhor, com um animal doméstico, mais sensível ao tom do que ao conteúdo da mensagem.

Se alguém hesitava (hesitavam todos, porque não compreendiam e estavam aterrorizados), vinham os golpes, e era evidente que se tratava de uma variante da mesma linguagem: o uso da palavra para comunicar o pensamento, este mecanismo necessário e suficiente para que o homem seja homem, tinha caducado. Era um sinal: para eles, não éramos mais homens; conosco, como com vacas ou mulas, não havia diferença substancial entre o berro e o murro. Para que um cavalo corra ou pare, mude de direção, puxe ou pare de puxar, não é preciso negociar com ele ou dar-lhe explicações minuciosas; basta um dicionário constituído de uma dúzia de signos diferentemente combinados mas unívocos, não importa se acústicos, táteis ou visuais: tração das rédeas, aguilhão das esporas, gritos, gestos, golpes de chicote, estalos dos lábios, pancadas no dorso, tudo serve igualmente. Falar com o cavalo seria uma ação estúpida, como falar sozinho, ou um patetismo ridículo: o que ele compreenderia? Narra Marsalek, em seu livro *Mauthausen*, que nesse *Lager*, ainda mais diversificado linguisticamente do que Auschwitz, o chicote se chamava *der Dolmetscher*, o intérprete: aquele que se fazia compreender por todos.

De fato, o homem inculto (e os alemães de Hitler, especialmente os SS, eram terrivelmente incultos: não tinham sido "educados", ou o tinham sido mal) não sabe distinguir nitidamente quem não compreende sua língua de quem não compreende *tout court*. Martelara-se na cabeça dos jovens nazistas que no mundo existia uma só civilização, a alemã; todas as outras, presentes ou passadas, só eram aceitáveis na medida em que contivessem alguns elementos germânicos. Por isso, quem não compreendia nem falava o alemão era um bárbaro por definição; se se obstinava em tentar expressar-se em sua língua, ou melhor, em sua não língua, era preciso fazê-lo calar-se a sopapos e repô-lo em seu lugar, a puxar, a carregar, a empurrar, porque não era um *Mensch*, um ser humano. Vem-se à memória um episódio eloquente. No local de trabalho, o *Kapo* novato de uma brigada, constituída prevalentemente de italianos, franceses e gregos, não havia percebido que às suas costas se aproximara um dos mais temíveis vigilantes SS. Voltou-se de uma só vez, perfilou-se desconcertado e enunciou a *Meldung** prescrita: "Comando 83, quarenta e dois homens." Em sua perturbação, dissera exatamente *zweiundvierzig Mann*, "homens". O soldado o corrigiu em tom severo e paterno: não se diz assim, diz-se *zweiundvierzig Häftlinge*, quarenta e dois prisioneiros. Era um *Kapo* jovem e, portanto, merecedor de perdão, mas devia aprender o ofício, as conveniências sociais e as distâncias hierárquicas.

---

* Informação. (*N. do T.*)

O fato de "não ser interpelado" tinha efeitos rápidos e devastadores. A quem não lhe fala, ou só se lhe dirige com gritos que parecem inarticulados, você não ousa dirigir a palavra. Se você tem a sorte de encontrar a seu lado alguém com quem tenha uma língua comum, tanto melhor: poderá trocar impressões, aconselhar-se, desafogar-se; se não encontra ninguém, a língua se lhe esvai em poucos dias, e, com a língua, o pensamento.

Além disto, no plano mais imediato, não se entendem as ordens e as proibições, não se decifram as prescrições, algumas fúteis e risíveis, outras fundamentais. Em suma, você se vê no vazio e compreende à própria custa que a comunicação gera a informação e que, sem informação, não se vive. A maior parte dos prisioneiros que não conheciam o alemão – portanto, quase todos os italianos – morreu nos primeiros dez ou quinze dias de sua chegada: à primeira vista, por fome, frio, cansaço, doença; num exame mais atento, por insuficiência de informação. Se tivessem conseguido comunicar-se com os companheiros mais antigos, teriam se orientado melhor: aprenderiam antes a obter roupas, sapatos, comida ilegal; a evitar o trabalho mais duro e os encontros, muitas vezes mortais, com os SS; a cuidar sem erros fatais das doenças inevitáveis. Não quero dizer que não morreriam, mas teriam vivido por mais tempo, tendo maiores possibilidades de recuperar o terreno perdido.

Na memória de todos nós, sobreviventes, sofrivelmente poliglotas, os primeiros dias de *Lager* ficaram impressos sob a forma de um filme desfocado e frenético, cheio de som e de fúria, e carente de significado: um caleidoscópio de personagens sem nome nem face, mergulhados num contínuo e ensurdecedor barulho de fundo, sobre o qual, no entanto, a palavra humana não aflorava. Um filme em cinza e negro, sonoro mas não falado.

Em mim mesmo e nos outros sobreviventes notei um efeito curioso desse vazio e dessa carência de comunicação. Quarenta anos depois, ainda recordamos de forma puramente acústica palavras e frases pronunciadas em torno de nós em línguas que não conhecíamos nem depois aprendemos: para mim, por exemplo, em polonês ou húngaro. Ainda hoje me lembro de como se enunciava em polonês não meu número de controle, mas o do prisioneiro que me precedia na listagem de um certo alojamento: um emaranhado de sons que terminava harmoniosamente, como se indecifráveis cirandas infantis, em algo como *stergishi stéri* (hoje sei que essas duas palavras querem dizer "quarenta e quatro"). Com efeito, naquele alojamento eram poloneses o distribuidor da sopa e a maior parte dos prisioneiros, e o polonês se tornara a língua oficial; quando se ouvia o próprio número, era preciso estar pronto com o prato estendido para não perder a vez, e por isso, para não ser colhido de surpresa, convinha levantar-se ao ser chamado o companheiro com o número de controle imediatamente anterior. Aquele *stergishi stéri* funcionava como a campainha que condicionava os cães de Pavlov: provocava uma imediata secreção de saliva.

Esses sons estrangeiros se inscreveram em nossas memórias como sobre uma fita magnética vazia, em branco; do mesmo modo, um estômago faminto assimila rapidamente até um alimento indigesto. O sentido deles não nos ajudou a recordá-los, porque para nós não tinham sentido; no entanto, muito mais tarde, recitamo-los para pessoas que os podiam compreender, e um sentido, tênue e banal, eles o tinham: eram imprecações, blasfêmias, pequenas frases cotidianas repetidas com frequência, tais como "que horas são?", "não posso andar" ou "me deixa em paz". Eram fragmentos arrancados à indistinção: fruto de um esforço inútil e inconsciente de captar um sentido no insensato. Também eram o equivalente mental de nossa necessidade corpórea de nutrição, que nos levava a buscar cascas de batata nas imediações das cozinhas: pouco mais do que nada, melhor do que nada. Também o cérebro subalimentado sofre uma fome específica. Ou, talvez, essa memória inútil e paradoxal tinha um outro significado e um outro escopo: era uma preparação inconsciente para o "depois", para uma sobrevivência improvável, na qual cada migalha de experiência se tornaria uma peça de um amplo mosaico.

Narrei nas páginas iniciais de *A trégua* um caso extremo de comunicação necessária e malograda: o do menino Hurbinek, de três anos, talvez nascido clandestinamente no *Lager*, a quem ninguém tinha ensinado a falar e que experimentava uma exigência intensa de falar, expressa por todo o seu pobre corpo. Também sob este aspecto, o *Lager* era um laboratório cruel em que se podia assistir a situações e comportamentos nunca vistos antes nem depois, nem em outra parte.

Eu aprendera algumas palavras de alemão poucos anos antes, quando ainda era estudante, com o único objetivo de entender os textos de química e de física: por certo, não para transmitir ativamente meu pensamento nem para compreender a linguagem falada. Eram os anos das leis raciais fascistas, e um encontro meu com o alemão ou uma viagem à Alemanha pareciam eventos muito pouco prováveis. Atirado em Auschwitz, não obstante a confusão inicial (antes, talvez exatamente graças a ela), compreendi muito bem que meu limitadíssimo *Wortschatz* se tornara um fator essencial de sobrevivência. *Wortschatz* significa "patrimônio lexical", mas literalmente "tesouro de palavras"; jamais um termo foi tão apropriado. Saber o alemão era a vida: bastava olhar ao redor. Os companheiros italianos que não o compreendiam, isto é, quase todos salvo alguns triestinos, afogavam-se um a um no mar tempestuoso do não entendimento: não entendiam as ordens, recebiam murros e pontapés sem compreender por quê. Na ética rudimentar do campo, estava previsto que um golpe se justificasse de algum modo, para facilitar o estabelecimento da corrente transgressão-punição-arrependimento; assim, muitas vezes o *Kapo* ou seus adjuntos faziam acompanhar a pancada com um grunhido: "Sabe por quê?", a que se seguia uma sumária "comunicação do delito". Mas para os novos surdos-mudos esse cerimonial era inútil. Refugiavam-se instintivamente num canto para protegerem as costas: a agressão podia vir de todas as direções. Olhavam ao redor com olhos confusos, como animais presos numa armadilha, em que, com efeito, se haviam transformado.

Para muitos italianos foi vital o auxílio dos companheiros franceses e espanhóis, cujas línguas eram menos "estranhas" do que o alemão. Em Auschwitz não havia espanhóis, ao passo que os franceses (mais precisamente: os deportados da França ou da Bélgica) eram muitos, talvez 10% do total em 1944. Alguns eram alsacianos ou então judeus alemães e poloneses, que no decênio precedente haviam buscado na França um refúgio que se revelara uma armadilha: todos estes conheciam bem ou mal o alemão ou o ídiche. Os outros, os franceses metropolitanos, proletários, burgueses ou intelectuais, tinham sofrido um ou dois anos antes uma seleção análoga à nossa: os que não compreendiam saíram de cena. Os restantes, quase todos metecos, a seu tempo acolhidos na França bastante mal, haviam conseguido uma triste desforra. Eram nossos intérpretes naturais: traduziam para nós os comandos e as advertências fundamentais da jornada, "levantar", "agrupar", "em fila para o pão", "quem está com o sapato estragado?", "três a três", "cinco a cinco" etc.

Por certo não bastava. Supliquei a um deles, um alsaciano, que me desse um curso privado e intensivo, distribuído em curtas lições ministradas em voz baixa, entre o momento do toque de recolher e aquele em que cedíamos ao sono; lições que se pagariam com pão, outra moeda não havia. Ele aceitou, e creio que jamais se empregou o pão tão bem. Explicou-me o que significavam os berros dos *Kapos* e dos SS, os lemas anódinos ou irônicos escritos em gótico e afixados nos alojamentos, o que significavam as cores dos triângulos que trazíamos no peito sobre o número de controle. Assim pude observar que o alemão do *Lager*, descarnado, gritado, coalhado de obscenidades e de imprecações, tinha somente um vago parentesco com a linguagem precisa e austera de meus textos de química e com o alemão melodioso e refinado das poesias de Heine, que me recitava Clara, uma de minhas companheiras de estudo.

Não me dava conta, e só me dei conta disto muito mais tarde, de que o alemão do *Lager* era uma língua própria: para dizê-lo justamente em alemão, era *ortsund zeitgebunden*, ligada ao lugar e ao tempo. Era uma variante, particularmente bárbara, daquilo que um filólogo judeu alemão, Klemperer, tinha batizado como *Lingua Tertii Impirii*, a língua do Terceiro Reich, inclusive propondo para ela a sigla LTI, em irônica analogia com as muitas outras (NSDAP, SS, SA, SD, KZ, RKPA, WVHA, RSHA, BDM...) caras à Alemanha de então.

Sobre a LTI e sobre seu equivalente italiano já se escreveu muito, mesmo da parte dos linguistas. É óbvia a observação de que, quando se violenta o homem, também se violenta a linguagem; e na Itália não esquecemos as tolas campanhas fascistas contra os dialetos, contra os "barbarismos", contra os topônimos do Vale d'Aosta, do Vale de Susa, do Alto Adige, contra a forma *"senhor [Lei]*, servil e alienígena". Na Alemanha, as coisas andavam de outro modo: já há séculos a língua alemã mostrara uma aversão espontânea pelas palavras de origem não germânica, de modo que os cientistas alemães se haviam esforçado por rebatizar a bronquite de "inflamação nos canais de ar", o duodeno de "intestino de doze dedos", e o ácido pirúvico de "ácido queima-uva"; por isto, ao nazismo, que queria purificar tudo, restava muito pouco neste aspecto para purificar. A LTI diferia do alemão de Goethe sobretudo por certos deslocamentos semânticos e pelo abuso de alguns termos: por exemplo, o adjetivo *völkisch* ("nacional, popular"), que se tornara onipresente e carregado de arrogância nacionalista, e um outro, *fanatisch*, cuja conotação mudara de negativa para positiva. Mas no arquipélago dos *Lager* alemães se delineara uma linguagem setorial, um jargão, o *Lagerjargon, subdividido em subjargões específicos de cada Lager* e estreitamente aparentado com o velho alemão das casernas prussianas e com o novo alemão dos SS. Não espanta que ele se mostre paralelo ao jargão dos campos de trabalho soviéticos, vários de cujos termos são citados por Soljenitsin: cada um deles encontra seu correspondente exato no *Lagerjargon*. A tradução alemã do *Arquipélago Gulag* não deve ter apresentado muitas dificuldades; ou, se apresentou, não foram terminológicas.

Era comum a todos os *Lager* o termo *Muselmann*, "muçulmano", atribuído ao prisioneiro irreversivelmente exausto, extenuado, próximo à morte. Propuseram-se para o fato duas explicações, ambas pouco convincentes: o fatalismo e as faixas na cabeça, que podiam simular um turbante. Aquele termo está refletido exatamente, inclusive em sua ironia cínica, pelo russo *dokhodjaga*, literalmente "chegado ao fim", "acabado". No *Lager* de Ravensbrück (o único exclusivamente feminino), o mesmo conceito se expressava, segundo me diz Lidia Rolfi, "com os dois substantivos opostos *Schmutzstück* e *Schmuckstück*, respectivamente "imundície" e "joia", quase homófonos, um paródia do outro. As italianas não captavam seu sentido aterrorizante e, unificando os dois termos, pronunciavam *smistig*. Também *Prominent* é termo comum a todos os subjargões. Sobre os "proeminentes", os prisioneiros que fizeram carreira, falei amplamente em *É isto um homem?* sendo um componente indispensável na sociologia dos campos, também existiam nos soviéticos, onde (lembrei-o no terceiro capítulo) eram chamados *pridurki*.

Em Auschwitz, "alimentar-se" se indicava com *fressen*, verbo que em bom alemão só se aplica aos animais. Para "vá embora" usava-se a expressão *hau' ab*, imperativo do verbo *abhauen*; este, em bom alemão, significa "cortar, decepar", mas no jargão do *Lager* equivalia a "ir para o inferno", "afastar-se". Sucedeu-me uma vez usar de boa-fé esta expressão (*Jetzt hauen wir ab*) pouco após o fim da guerra, para despedir-me de alguns educados funcionários da Bayer depois de uma conversa de negócios. Era como se tivesse dito: "Agora vamos dar o fora." Olharam-me espantados: o termo pertencia a um registro linguístico diferente daquele no qual se desenrolara a conversação precedente, e certamente não é ensinado nos cursos convencionais de "língua estrangeira". Expliquei-lhes que não tinha aprendido o alemão na escola, mas sim num *Lager* de nome Auschwitz; daí surgiu um certo embaraço, mas, estando eu no papel de comprador, continuaram a tratar-me com cortesia. Mais tarde me dei conta de que também minha pronúncia era tosca, mas deliberadamente não procurei melhorá-la; pelo mesmo motivo, jamais quis retirar a tatuagem do braço esquerdo.

O *Lagerjargon*, como é natural, era fortemente influenciado por outras línguas que se falavam no *Lager* e nas adjacências: pelo polonês, pelo ídiche, pelo dialeto silesiano, mais tarde pelo húngaro. Do ruído de fundo de meus primeiros dias de confinamento logo emergiram, com insistência, quatro ou cinco expressões que não eram alemãs: deviam indicar, pensei, alguns objetos ou ações básicas, como trabalho, água, pão. Estavam gravadas na memória, naquele curioso modo mecânico que descrevi acima. Só muito mais tarde um amigo polonês me explicou, de má vontade, que simplesmente queriam dizer "cólera", "sangue de cão", "raios", "filho da puta" e "fodido"; as três primeiras, com função de interjeições.

O ídiche era de fato a segunda língua do campo (substituída mais tarde pelo húngaro). Eu não só não o entendia como apenas vagamente sabia de sua existência, com base em algumas citações ou historietas ouvidas de meu pai, que por alguns anos havia trabalhado na Hungria. Os judeus poloneses, russos, húngaros espantavam-se com o fato de que nós, italianos, não o falássemos: éramos judeus suspeitos, em quem não se podia confiar; além de sermos, naturalmente, *badoglios*** para os SS e *mussolinis* para os franceses, para os gregos e para os prisioneiros políticos. Mesmo deixando de lado os problemas de comunicação, não era cômodo ser judeu italiano. Como já se sabe após o merecido sucesso do livro dos irmãos Singer e tantos outros, o ídiche é substancialmente um antigo dialeto alemão, diferente do alemão moderno em termos de léxico e de pronúncia. Angustiava-me mais do que o polonês, que eu não compreendia em absoluto, porque "deveria compreendê-lo". Escutava-o com atenção tensa: muitas vezes me era difícil entender se uma frase a mim dirigida, ou pronunciada perto de mim, era alemã ou ídiche, ou ainda híbrida: com efeito, alguns judeus poloneses bem-intencionados se esforçavam por germanizar seu ídiche o máximo possível, a fim de que eu os compreendesse.

Do ídiche respirado no ar há um indício singular em *É isto um homem?*. No capítulo "Kraus" está transcrito um diálogo: Gounan, judeu francês de origem polonesa, se dirige ao húngaro Kraus com a frase: *"Langsam, du blöder Einer, langsam, verstanden?"*, que significa, traduzida palavra por palavra: "Devagar, tu estúpido um, devagar, entendido?". Soava um pouco estranha, mas me parecia justamente tê-la ouvido assim (eram memórias recentes: escrevia em 1946) e a transcrevi tal e qual. O tradutor alemão não ficou convencido: eu devia ter ouvido ou recor-

---

* Do nome do marechal Pietro Badoglio (1871-1956) que assumiu as funções de presidente do Conselho de Ministros após a queda de Mussolini, tendo negociado o armístício com os Aliados em 1943. *(N. do T.)*

dado mal. Após uma longa discussão epistolar, ele me propôs retocar a expressão, que não lhe parecia aceitável. Com efeito, na tradução logo publicada ela aparece assim: *"Langsam, du blöder Heini..."*, onde *Heini* é o diminutivo de *Heinrich*, Henrique. Mas recentemente, num belo livro sobre a história e a estrutura do ídiche (*Mame Loshen*, de J. Geipel), descobri que é típica dessa língua a forma: *"Khamoyer du eyner!"*, "Estúpido tu um!". A memória mecânica funcionara corretamente.

Nem todos sofriam em igual medida com a não comunicação ou com a pouca comunicação. Não sofrer com isto, aceitar o eclipse da palavra, era um sintoma infausto: assinalava a aproximação da indiferença definitiva. Alguns poucos, solitários por natureza, ou acostumados ao isolamento já em sua vida "civil", não davam mostras de sofrer; mas a maior parte dos prisioneiros que haviam superado a fase crítica da iniciação buscava defender-se, cada qual a seu modo: uns mendigando migalhas de informação, outros propalando sem discernimento notícias triunfais ou desastrosas, verdadeiras, falsas ou inventadas, outros ainda esticando os olhos e os ouvidos para captar e tentar interpretar todos os sinais oferecidos pelos homens, pela terra e pelo céu. Mas à escassa comunicação interna se somava a escassa comunicação com o mundo exterior. Em alguns *Lager*, o isolamento era total; o meu, Monowitz-Auschwitz, podia considerar-se privilegiado nesse aspecto. Quase toda semana chegavam prisioneiros "novos" de todos os países da Europa ocupada, trazendo notícias recentes, muitas vezes como testemunhas oculares; a despeito das proibições e do perigo de ser denunciado à Gestapo, na enorme área de trabalho falávamos com operários poloneses e alemães, às vezes até com prisioneiros de guerra ingleses; encontrávamos nas latas de lixo jornais velhos de dias anteriores, e os líamos avidamente. Um arrojado companheiro meu de trabalho, bilíngue por ser alsaciano e jornalista de profissão, gabava-se até de ter feito uma assinatura do *Völkischer Beobachter*, o mais respeitado jornal diário da Alemanha de então: o que havia de mais simples? Tinha pedido a um operário alemão, de confiança, que fizesse a assinatura, trocando-a depois por um dente de ouro. Toda manhã, na longa espera do chamamento, nos reunia em torno dele e nos fazia um cuidadoso resumo das notícias do dia.

Em 7 de junho de 1944 vimos irem ao trabalho os prisioneiros ingleses, e havia neles algo diferente: marchavam em boa formação, empertigados, sorridentes, marciais, com um passo de tal modo vivo que a sentinela alemã que os escoltava, um miliciano não mais jovem, tinha dificuldades em segui-los. Saudaram-nos com o "V" da vitória. Soubemos no dia seguinte que, por um aparelho de rádio deles, clandestino, tinham ouvido a notícia do desembarque aliado na Normandia, e foi um grande dia também para nós: a liberdade parecia ao alcance da mão. Mas na maior parte dos campos as coisas eram muito piores. Os recém-chegados provinham de outros *Lager* ou de guetos, por sua vez separados do mundo, e por isto só traziam as horrendas notícias locais. Não se trabalhava, como nós, em contato com trabalhadores livres de dez ou doze países diferentes, mas em estabelecimentos agrícolas, em pequenas oficinas, em pedreiras ou areais, ou ainda em minas: e nos *Lager*-minas as condições eram as mesmas que levavam à morte os escravos de guerra dos romanos e os índios submetidos pelos espanhóis; de tal modo mortíferas que ninguém voltou para descrevê-las. As notícias "do mundo", como se dizia, chegavam vagas e espaçadas. Os prisioneiros se sentiam esquecidos, como os condenados deixados à morte nas *oublienttes*** da Idade Média.

Aos judeus, inimigos por antonomásia, impuros, semeadores de impureza, destruidores do mundo, estava vedada a comunicação mais preciosa, aquela com a região de origem e com a família: quem experimentou o exílio, em uma qualquer de suas tantas formas, sabe quanto se sofre com esse corte vital. Daí nasce uma impressão mortal de abandono e também um ressentimento injusto: por que não me escrevem, por que não me ajudam, eles que estão livres? Tivemos a oportunidade de entender bem, então, que do grande continente da liberdade a liberdade de comunicar é uma província importante. Como

---

* Masmorras da Idade Média: celas destinadas à prisão perpétua. (*N. do T.*)

acontece com a saúde, só quem a perde avalia quanto vale. Mas a perda não se dá somente em nível individual: nos países e nas épocas em que se impede a comunicação, murcham todas as outras liberdades; morre por inédita a discussão, grassa a ignorância das opiniões alheias, triunfam as opiniões impostas; é um exemplo disso a ensandecida genética pregada na URSS por Lissenko, que, na falta de discussões (seus contraditores foram exilados na Sibéria), comprometeu as colheitas por vinte anos. A intolerância tende a censurar, e a censura aumenta a ignorância das razões alheias e, portanto, a própria intolerância: é um círculo vicioso rígido, difícil de romper.

A hora semanal em que nossos companheiros "políticos" recebiam a correspondência de casa era, para nós, a mais desconsolada, aquela em que sentíamos todo o peso de ser diferentes, estranhos, separados de nosso país ou, antes, do gênero humano. Era a hora em que sentíamos a tatuagem queimar como uma ferida, invadindo-nos como uma avalanche de lama a certeza de que nenhum de nós retornaria. De resto, mesmo que nos fosse permitido escrever uma carta, a quem a endereçaríamos? As famílias dos judeus da Europa tinham desaparecido, estavam dispersas ou destruídas.

A mim (narrei-o em "Lilith") coube a raríssima sorte de poder trocar algumas cartas com minha família. Devo isso a duas pessoas muito diferentes entre si: um velho pedreiro quase analfabeto e uma jovem corajosa, Bianca Guidetti Serra, que agora é uma conhecida advogada. Sei que esse foi um dos fatores que me permitiram sobreviver; mas, como disse antes, cada um de nós, sobreviventes, sob muitos aspectos é uma exceção; coisa que nós mesmos, para exorcizar o passado, tendemos a esquecer.

V
VIOLÊNCIA INÚTIL

O título deste capítulo pode parecer provocador ou até ofensivo: existe uma violência útil? Infelizmente sim. A morte, mesmo a não provocada, mesmo a mais clemente, é uma violência, mas é tristemente útil: um mundo de imortais (os *struldbruggs* de Swift) não seria concebível nem vivível, seria mais violento do que o já violento mundo atual. Nem é inútil, em geral, o assassinato: Raskolnikov, matando a velha usurária, se propunha um escopo, ainda que criminoso; da mesma forma, Princip em Sarajevo e os sequestradores de Aldo Moro na via Fani. Pondo de lado os casos de loucura homicida, quem mata sabe por que o faz: por dinheiro, para suprimir um inimigo verdadeiro ou suposto, para vingar uma ofensa. As guerras são detestáveis, são um péssimo modo de resolver as controvérsias entre nações ou entre facções, mas não se podem definir como inúteis: visam a um objetivo, quem sabe iníquo ou perverso. Não são gratuitas, não se propõem infligir sofrimentos; os sofrimentos existem, são coletivos, dilaceradores, injustos, mas são um subproduto, um acréscimo. Ora, acredito que os doze anos hitlerianos compartilhem sua violência com muitos outros espaços/tempos históricos, mas que se caracterizem por uma difusa violência inútil, com um fim em si mesma, voltada unicamente para a criação de dor: às vezes, voltada para um objetivo, mas sempre redundante, sempre fora de proporção em relação ao próprio objetivo.

Revendo *a posteriori* aqueles anos, que devastaram a Europa e, afinal, a Alemanha mesma, oscilamos entre dois juízos: teríamos assistido ao desdobramento racional de um plano desumano ou a uma manifestação (única, por ora, na história, e ainda mal explicada) de loucura coletiva?

Lógica virada para o mal ou ausência de lógica? Como é frequente nas coisas humanas, as duas alternativas coexistiam. Não há dúvida de que o projeto fundamental do nacional-socialismo tinha uma racionalidade própria: o impulso para o Leste (velho sonho alemão), o sufocamento do movimento operário, a hegemonia sobre a Europa continental, a aniquilação do bolchevismo e do judaísmo, que Hitler simplistamente identificava, a repartição do poder mundial com a Inglaterra e os Estados Unidos, a apoteose da raça germânica com a eliminação "espartana" dos doentes mentais e das bocas inúteis: todos esses pontos compatibilizavam-se entre si e podiam ser deduzidos de alguns poucos postulados já expostos com inegável clareza em *Mein Kampf.* Arrogância e radicalismo, *hybris* e *Gründlichkeit*; lógica insolente, não loucura.

Odiosos, mas não loucos, eram também os meios previstos para obter os fins: desencadear agressões militares ou guerras desapiedadas, alimentar quintas-colunas internas, transferir populações inteiras, ou subjugá-las, ou esterilizá-las, ou exterminá-las. Nem Nietzsche, nem Hitler, nem Rosenberg eram loucos quando se embriagavam e a seus sequazes com sua pregação do mito do super-homem, a quem tudo é permitido em reconhecimento de sua superioridade dogmática e congênita; mas é digno de meditação o fato de que todos, o mestre e os alunos, tenham saído progressivamente da realidade na medida em que sua moral se descolava daquela moral, comum a todos os tempos e a todas as civilizações, que é parte de nosso legado humano e a que também, em última análise, é preciso dar reconhecimento.

A racionalidade cessou, e os discípulos superaram (e traíram!) amplamente o mestre, exatamente na prática da crueldade inútil. O verbo de Nietzsche me repugna profundamente; tenho dificuldade em nele encontrar uma afirmação que não coincida com o contrário daquilo que me apraz pensar; me cansa seu tom oracular; mas me parece que nele não emerja nunca o desejo do sofrimento alheio. A indiferença, sim, quase em toda página, mas nunca a *Schadenfreude*, a alegria pelo dano do próximo, muito menos a alegria por fazer deliberadamente sofrer. A dor do vulgo, dos *Ungestalten*, dos informes, dos que não nasceram nobres, é um preço a pagar pelo advento do reino dos eleitos; é um mal menor, mas sempre um mal; não é desejável em si. Bem diferentes eram o verbo e a prática hitleriana.

Muitas das inúteis violências nazistas já pertencem à história: pensemos nos massacres "sem proporções" das Fossas Ardeatinas, de Oradour, Lidice, Boves, Marzabotto e tantos outros, nos quais o limite da represália, já intrinsecamente desumano, foi enormemente ultrapassado; mas outros menores, singulares, permanecem escritos em caracteres indeléveis na memória de cada um de nós, ex-deportados, como detalhes do grande quadro.

Quase sempre, no início da sequência da recordação, está o trem que assinala a partida para o desconhecido: não só por razões cronológicas, mas também pela crueldade gratuita com que eram empregadas para um objetivo incomum aquelas (normalmente inócuas) composições de vagões de carga.

Não há diário ou narrativa, entre os muitos nossos, em que não surja o trem, o vagão blindado, transformado de veículo comercial em prisão ambulante ou mesmo em instrumento de morte. Está sempre lotado, mas parece haver um cálculo grosseiro no número de pessoas que, em cada caso, nele eram ajuntadas: entre cinquenta e cento e vinte, segundo a distância da viagem e o nível hierárquico que o sistema nazista atribuía ao "material humano" transportado. Os comboios partidos da Itália "só" continham 50-60 pessoas por vagão (judeus, prisioneiros políticos, guerrilheiros, gente comum pega pelas ruas, militares capturados após o esfacelamento de 8 de setembro de 1943): pode ser que se tenham levado em conta as distâncias ou, talvez, também a impressão que esses comboios podiam exercer em eventuais testemunhas presentes ao longo do percurso. No extremo oposto estavam os deportados da Europa Oriental: os eslavos, especialmente se judeus, eram mercadoria mais vil, ou melhor, destituída de qualquer valor; de qualquer modo deviam morrer, não importa se durante a viagem ou depois. As composições que transportavam os judeus poloneses dos guetos para os *Lager*, ou de

Lager para *Lager*, continham até 120 pessoas em cada vagão: a viagem era curta... Ora, cinquenta pessoas num vagão de carga ficam muito mal acomodadas; podem estirar-se simultaneamente para repousar, mas corpo contra corpo. Se são cem ou mais, mesmo uma viagem de poucas horas é um inferno, deve-se ficar em pé ou agachar-se alternadamente; e muitas vezes, entre os viajantes, existem velhos, doentes, crianças, mulheres em período de aleitamento, loucos ou indivíduos que enlouquecem durante a viagem e por efeito da viagem.

Na prática dos transportes ferroviários nazistas se distinguem variáveis e constantes; não nos é dado saber se em sua base havia um regulamento ou se os funcionários encarregados tinham carta branca. Constante era o conselho hipócrita (ou a ordem) de levar tudo quanto era possível: especialmente o ouro, as joias, as moedas fortes, as peles, em alguns casos (certas deportações de judeus camponeses da Hungria e da Eslováquia) até os animais pequenos. "É tudo coisa que poderá servir a vocês" – dizia entredentes e com ar cúmplice o pessoal de acompanhamento. De fato, era um saque: um artifício simples e engenhoso para transferir valores para o Reich, sem publicidade nem complicações burocráticas, sem transportes especiais nem temores de furtos *enroute*: com efeito, na chegada tudo era sequestrado. Constante era o despojamento total dos vagões; as autoridades alemãs, para uma viagem que podia durar até duas semanas (é o caso dos judeus deportados de Salônica), não providenciavam literalmente nada: nem víveres, nem água, nem esteiras ou palha no chão de madeira, nem recipientes para as necessidades corporais; e muito menos se preocupavam em advertir as autoridades locais, ou os dirigentes (quando existiam) dos campos de triagem, no sentido de providenciarem alguma coisa. Um aviso não custaria nada: mas, justamente, essa negligência sistemática se resolvia numa crueldade inútil, numa criação deliberada de dor como um fim em si mesma.

Em alguns casos, os prisioneiros destinados à deportação estavam em condições de aprender algo da experiência: tinham visto partir outras composições, aprendendo, à custa de seus predecessores, que deviam suprir, eles próprios, todas essas necessidades logísticas, o melhor que pudessem, e compativelmente com as limitações impostas pelos alemães. É típico o caso dos trens que partiam do campo de triagem de Westerbork, na Holanda; era um campo vastíssimo, com dezenas de milhares de prisioneiros judeus, e Berlim exigia do comandante local que toda semana partisse um trem com cerca de mil deportados: no total, partiram de Westerbork 93 trens, com destino a Auschwitz, a Sobibór e a outros campos menores. Os sobreviventes foram cerca de 500, e nenhum destes viajara nos primeiros comboios, cujos ocupantes tinham partido às cegas, na esperança infundada de que se suprissem de praxe as necessidades mais elementares de uma viagem de três ou quatro dias; por isso, não se sabe quantos foram os mortos durante o trânsito, nem como a terrível viagem se desenrolou, porque ninguém voltou para contar. Mas depois de algumas semanas um encarregado da enfermaria de Westerbork, observador perspicaz, notou que os vagões de carga das composições eram sempre os mesmos: iam e vinham entre o *Lager* de partida e o de destinação. Foi assim que alguns entre os sucessivamente deportados puderam mandar mensagens escondidas nos vagões que retornavam vazios, e a partir daí se pôde providenciar pelo menos uma reserva de víveres e de água, além de um balde para os excrementos.

O comboio no qual fui deportado, em fevereiro de 1944, era o primeiro que partia do campo de triagem de Fòssoli (outros tinham partido antes, de Roma e de Milão, mas não nos chegara notícia deles). Os SS que pouco antes haviam tomado da Segurança Pública italiana a gestão do campo não deram nenhuma disposição precisa para a viagem; só fizeram saber que seria longa e deixaram vazar o conselho interessado e irônico que mencionei ("Levem ouro e joias, e sobretudo roupas de lã e pele, porque vocês vão trabalhar num país frio"). O *Kapo* do campo, também deportado, teve o bom-senso de fazer um estoque razoável de alimento, mas não de água: água não custa nada, não é verdade? E os alemães não dão nada de graça, mas são bons organizadores... Nem pensou em dotar cada vagão com um recipiente que servisse como latrina, e este esquecimento se revelou gravíssimo: provocou uma aflição muito pior do que a sede e o frio. Em meu vagão havia muitos anciãos, homens e mulheres: entre outros, estavam todos os internos do asilo israelita de Veneza. Para todos, mas especialmente para estes, evacuar em público era angustioso ou impossível: um trauma para o qual nossa civilização não nos prepara, uma ferida profunda infligida à dignidade humana, um atentado obsceno e cheio de presságios; mas também o sinal de uma malignidade deliberada e gratuita. Para nossa paradoxal sorte (mas hesito em escrever esta palavra neste contexto), em nosso vagão havia também duas jovens mães com suas crianças de poucos meses, e uma delas trazia um urinol: um só, para servir a umas cinquenta pessoas. Depois de dois dias de viagem, encontramos pregos fincados nas paredes de madeira, repregamos dois num canto, e com um barbante e um pano improvisamos um anteparo, substancialmente simbólico: ainda não somos animais, não o seremos enquanto buscarmos resistir.

É difícil imaginar o que ocorreu nos outros vagões, destituídos dessa proteção mínima. O comboio foi parado duas ou três vezes em pleno campo, as portas dos vagões foram abertas, permitindo-se que os prisioneiros descessem: mas não que se afastassem da ferrovia nem que se separassem. De outra vez, as portas foram abertas, mas durante uma parada numa estação austríaca de trânsito. Os SS da escolta não escondiam seu divertimento ao ver homens e mulheres agacharem-se onde podiam, nas plataformas, no meio dos trilhos; e os passageiros alemães exprimiam abertamente seu desgosto: gente como essa merece seu destino, basta ver como se comportam. Não são *Menschen*, seres humanos, mas animais, porcos; é evidente como a luz do sol.

Era efetivamente um prólogo. Na vida que devia vir, no ritmo cotidiano do *Lager*, a ofensa ao pudor representava, pelo menos no início, uma parte importante do sofrimento global. Não era fácil nem indolor habituar-se à enorme latrina coletiva, ao limite de tempo estrito e obrigatório, à presença, em sua frente, do aspirante à sucessão; em pé, impaciente, às vezes suplicante, outras vezes prepotente, insiste a cada dez segundos: *"Hast du gemacht?"*, "Ainda não terminou?". Todavia, em poucas semanas o mal-estar se atenuava até desaparecer: sobrevinha (não para todos!) o costume, o que é um modo caridoso de dizer que a transformação de seres humanos em animais já estava a meio-caminho.

Não creio que essa transformação jamais tenha sido projetada nem formulada explicitamente, em nenhum nível da hierarquia nazista, em nenhum documento, em nenhuma "reunião de trabalho". Era uma consequência lógica do sistema: um regime desumano difunde e estende sua desumanidade em todas as direções, inclusive e especialmente para baixo; salvo resistências e têmperas especiais, também corrompe suas vítimas e seus opositores. A inútil crueldade do pudor violado condicionava a existência de todos os *Lager*. As mulheres de Birkenau contam que, uma vez obtida uma gamela (uma grande vasilha esmaltada), dela deviam se servir para três usos distintos: para tomar a sopa cotidiana; para evacuar à noite, quando o acesso à latrina era vedado; e para se lavarem, quando havia água nos lavabos.

O regime alimentar de todos os campos compreendia um litro de sopa por dia; em nosso *Lager*, por concessão do estabelecimento químico para o qual trabalhávamos, eram dois litros. Assim, a água a ser eliminada era muita, e isto nos obrigava a pedir muitas vezes que fôssemos ao banheiro, ou a arranjarmo-nos de outro modo pelos cantos do local de trabalho. Alguns prisioneiros não conseguiam controlar-se: seja por problemas de bexiga, seja por acessos de medo, seja por neurose, eram obrigados a urinar com urgência, e frequentemente se molhavam, pelo que eram punidos e ridicularizados. Um italiano, meu contemporâneo, que dormia na parte de cima de um beliche de três planos, teve um incidente noturno e molhou os inquilinos dos planos inferiores, que logo denunciaram o fato ao *Kapo* do alojamento. Este foi para cima do italiano, que negou a imputação contra todas as evidências. O *Kapo*, então, ordenou-lhe que urinasse naquele lugar e naquele momento para demonstrar sua inocência; o prisioneiro, naturalmente, não conseguiu e foi coberto de pancadas, mas, apesar de seu pedido razoável, não foi transferido para o leito de baixo. Era um ato administrativo que comportaria excessivas complicações para o beleguim do alojamento.

Análogo ao constrangimento dos excrementos era o da nudez. No *Lager* se entrava nu: ou antes, mais do que nu, privado não só das roupas e dos sapatos (que eram confiscados), mas dos cabelos e de todos os outros pelos. Certamente, o mesmo se faz, ou se fazia, também no ingresso em caserna, mas no *Lager* a raspagem era total e semanal, e a nudez pública e coletiva era uma condição recorrente, típica e cheia de significado. Também esta era uma violência com algumas raízes de necessidade (é claro que devemos nos desvestir para um banho ou uma visita médica), mas ofensiva em razão de sua redundância inútil. O cotidiano do *Lager* estava coalhado de inúmeros desnudamentos vexatórios: devido ao controle dos piolhos, às buscas nas roupas, à lavação matinal, à visita das sarnas; e, além disso, devido às seleções periódicas, nas quais uma "comissão" decidia quem ainda estava apto para o trabalho e quem, ao contrário, estava fadado à eliminação. Ora, um homem nu e descalço sente os nervos e os tendões truncados: é uma presa inerme. As roupas, mesmo aquelas imundas que eram distribuídas, mesmo os sapatos ordinários com sola de madeira, são uma defesa tênue, mas indispensável. Quem não os tem não se percebe a si mesmo como um ser humano, e sim como um verme: nu, lento, ignóbil, vergado ao chão. Sabe que poderá ser esmagado a todo momento.

A mesma sensação debilitante de impotência e de destituição era provocada, nos primeiros dias de confinamento, pela falta de uma colher: este é um detalhe que pode parecer marginal a quem está habituado desde a infância à abundância de apetrechos de que dispõe até a mais pobre das cozinhas, mas marginal não era. Sem colher, a sopa cotidiana não podia ser consumida senão sorvendo-a como fazem os cães; só depois de muitos dias de aprendizagem (e também aqui, como era importante conseguir logo compreender e fazer-se compreender!) se vinha a saber que havia colheres no campo, mas era preciso comprá-las no mercado negro, pagando-as com sopa ou pão: uma colher custava habitualmente meia ração de pão ou um litro de sopa, mas aos recém-chegados, inexperientes, sempre se pedia muito mais. No entanto, na libertação do campo de Auschwitz, encontramos nos depósitos milhares de colheres novíssimas de plástico, além de dezenas de milhares de colheres de alumínio, de aço ou até de prata, que provinham da bagagem dos deportados na chegada. Não se tratava, portanto, de uma questão de economia, mas de uma intenção precisa de humilhar. Vem à mente o episódio narrado no Livro dos juízes, 7.5, em que o chefe Gedeão escolhe os melhores entre seus guerreiros, observando o modo como se comportam ao beberem água no rio: descarta todos aqueles que lambem a água, "como faz o cão", ou que se ajoelham, e só aceita aqueles que bebem em pé, levando a mão à boca.

Eu hesitaria em definir como inteiramente inúteis outras humilhações e violências que foram descritas repetidamente e convergentemente por toda a memorialística dos *Lager*. Sabe-se que em todos os campos se procedia uma ou duas vezes por dia a uma chamada. Por certo, não era uma chamada nominal, que seria impossível para milhares ou dezenas de milhares de prisioneiros: tanto mais que estes jamais eram designados com seu nome, mas sim apenas com o número de controle, de cinco ou seis algarismos. Era um *Zählappell*, uma chamada-contagem complicada e difícil, porque devia levar em conta os prisioneiros transferidos para outros campos ou para a enfermaria na véspera e aqueles mortos de noite, e porque o efetivo devia coincidir justamente com os dados do dia precedente e com a contagem cinco em cinco que acontecia durante a marcha das turmas em direção ao trabalho. Eugen Kogon reporta que em Buchenwald deviam comparecer à chamada vespertina inclusive os moribundos e os mortos; estendidos pelo chão, ao invés de permanecer em pé, também deviam ser dispostos em filas de cinco, para facilitar a contagem.

A chamada se desenrolava (naturalmente ao ar livre) com qualquer tempo, e durava pelo menos uma hora, mas até duas ou três se a conta não fechava; e mesmo 24 horas ou mais, se se suspeitasse de uma evasão. Quando chovia ou nevava, ou quando o frio era intenso, tornava-se uma tortura, pior do que o próprio trabalho, a cujo cansaço se somava no fim do dia; era percebida como uma cerimônia vazia e ritual, mas sem que provavelmente o fosse. Não era inútil, como de resto, nesta chave interpretativa, não eram inúteis a fome, o trabalho extenuante, e nem mesmo (me seja perdoado o cinismo: estou tentando raciocinar com uma lógica que não é minha) a morte por gás de adultos e crianças. Todos esses sofrimentos constituíam o desdobramento de um tema, aquele do suposto direito do povo superior de subjugar ou eliminar o povo inferior; assim também era aquela chamada, que em nossos sonhos de "depois" se tornaria o próprio emblema do *Lager*, resumindo em si o cansaço, o frio, a fome, a frustração. O sofrimento que provocava, e que todo dia de inverno provocava alguns colapsos ou algumas mortes, estava dentro do sistema, dentro da tradição do *Drill*,* da feroz prática militarista que era legado prussiano e que Buchner eternizou em *Woyzek*.

Aliás, parece-me evidente que, sob muitos de seus aspectos mais penosos e absurdos, o mundo concentracionário era tão somente uma versão, uma adaptação da prática militar alemã. O exército dos prisioneiros nos *Lager* devia ser uma cópia inglória do exército propriamente dito: ou melhor, uma caricatura sua. Um exército tem uma farda: limpa, honrada e coberta de insígnias aquela do soldado; sórdida e cinzenta aquela do *Häftling*; mas ambas devem ter cinco botões, senão estão mutiladas. Um exército marcha com passo militar, em ordem cerrada, ao som de uma banda: por isso, deve haver uma banda também no *Lager*, e o desfile deve ser um desfile meticuloso, em estilo militar diante do palanque das autoridades, ao som de música. Esse cerimonial é de tal modo necessário, de tal modo óbvio, que prevalece até sobre a legislatura antijudaica do Terceiro Reich: com paranoica sofisticação, ela vedava aos músicos e às orquestras judaicas tocarem partituras de autores arianos, porque assim estes seriam contaminados. Mas nos *Lager* de judeus não havia músicos arianos, nem de resto existem muitas marchas militares escritas por compositores judeus; por isto, derrogando as regras de pureza, Auschwitz era o único lugar alemão em que músicos judeus podiam, ou melhor, deviam tocar música ariana: a necessidade não tem leis.

---

* Adestramento (*N. do T.*)

Herança da caserna também era o rito de "arrumar a cama". Naturalmente, este último termo é amplamente eufemístico; se havia beliches, cada leito era constituído de um mísero colchão cheio de aparas de madeira, de duas cobertas e de um travesseiro de crina, e aí dormiam em regra duas pessoas. As camas deviam ser arrumadas logo após o despertar, simultaneamente em todo o alojamento: era preciso, pois, que os inquilinos dos planos inferiores se pusessem a arrumar colchão e cobertas em meio aos pés dos inquilin\os dos planos superiores, em equilíbrio precário sobre as bordas de madeira e aplicados ao mesmo trabalho: todas as camas deviam estar arrumadas em um minuto ou dois, porque imediatamente depois começava a distribuição do pão. Eram momentos frenéticos: a atmosfera se enchia de poeira até se tornar opaca, de tensão nervosa e de xingamentos trocados em todas as línguas, porque "arrumar a cama" (*bettenbauen*: tratava-se de um termo técnico) era uma operação sagrada, a ser executada segundo regras férreas. O colchão, fétido de mofo e coalhado de manchas suspeitas, devia ser esticado: para tal fim havia duas aberturas no forro, nas quais se introduziam as mãos. Uma das duas cobertas devia ser estendida sobre o colchão, a outra dobrada sobre o travesseiro, formando um degrau nítido, regular. No fim da operação, o conjunto devia apresentar-se como um paralelepípedo retangular com faces bem planas, ao qual se sobrepunha o paralelepípedo menor do travesseiro.

Para os SS do campo e, consequentemente, para todos os chefes de alojamento, o *bettenbauen* revestia-se de uma importância primária e indecifrável: talvez fosse o símbolo da ordem e da disciplina. Quem arrumasse mal a cama ou se esquecesse de fazê-lo era punido publicamente e com ferocidade; além disso, em cada alojamento existia uma dupla de funcionários, os *Bettnachzieher* ("controladores de cama": termo que não creio existir no alemão normal e que, decerto, Goethe não compreenderia), cuja tarefa era verificar cada cama individual e depois cuidar de seu alinhamento transversal. Para tal fim estavam munidos de uma corda do mesmo comprimento do alojamento: estendiam-na por sobre as camas arrumadas, retificando milimetricamente os desvios eventuais. Mais do que atormentadora, essa ordem de maníacos parecia absurda e grotesca: com efeito, o colchão esticado com tanta aplicação não tinha nenhuma consistência e, de noite, sob o peso do corpo, achatava-se imediatamente até as tábuas que o sustentavam. De fato, dormia-se sobre a madeira.

Num contexto bem mais amplo, tem-se a impressão de que por toda a Alemanha hitleriana o código e o costume da caserna deviam substituir aqueles tradicionais e "burgueses": a violência insípida do *Drill* havia começado a invadir desde 1934 o campo da educação e se voltava contra o próprio povo alemão. A partir dos jornais da época, que tinham conservado uma certa liberdade em termos de crônica e de crítica, há notícias de marchas extenuantes impostas a rapazes e a moças, no quadro dos exercícios pré-militares: até cinquenta quilômetros por dia, com mochila às costas, e nenhuma piedade pelos retardatários. Os pais e os médicos que ousavam protestar eram ameaçados com punições políticas.

Diferente é o raciocínio a fazer sobre a tatuagem, invenção autóctone de Auschwitz. A partir do início de 1942, em Auschwitz e nos *Lager* subordinados (em 1944, cerca de quarenta), o número de controle dos prisioneiros não era mais somente costurado nas roupas, mas tatuado no antebraço esquerdo. Desta norma só estavam isentos os prisioneiros alemães não judeus. A operação era executada com metódica rapidez por "escreventes" especializados, no ato de identificação dos recém--chegados, provenientes seja da liberdade, seja de outros campos ou dos guetos. Em reverência ao típico talento alemão para as classificações, logo se delineou um autêntico código: os homens deviam ser tatuados na parte externa do braço, as mulheres na interna; o número dos ciganos deveria ser precedido de um Z; o dos judeus, a partir de maio de 1944 (ou seja, da chegada em massa dos judeus húngaros), devia ser precedido de um A, que pouco depois foi substituído por um B. Até setembro de 1944 não existiam crianças em Auschwitz: eram todas mortas a gás na chegada. Depois dessa data, começaram a chegar famílias inteiras de poloneses, detidos aleatoriamente durante a insurreição de Varsóvia: todos eles foram tatuados, inclusive os recém-nascidos.

A operação era pouco dolorosa e não durava mais que um minuto, mas era traumática. Seu significado simbólico estava claro para todos: este é um sinal indelével, daqui não sairão mais; esta é a marca que se imprime nos escravos e nos animais destinados ao matadouro, e vocês se tornaram isso. Vocês não têm mais nome: este é seu nome. A violência da tatuagem era gratuita, um fim em si mesmo, pura ofensa: não bastavam os três números de pano costurados nas calças, no casaco e no agasalho de inverno? Não, não bastavam: era preciso algo mais, uma mensagem não verbal, a fim de que o inocente sentisse escrita na carne sua condenação. Tratava-se também de um retorno à barbárie, tanto mais perturbador para os judeus ortodoxos; de fato, justamente para distinguir os judeus dos "bárbaros", a tatuagem é vetada pela lei mosaica (Levítico, 19.28).

Quarenta anos depois, minha tatuagem se tornou parte de meu corpo. Não me vanglorio dela nem me envergonho, não a exibo nem a escondo. Mostro-a de má vontade a quem me pede por pura curiosidade; prontamente e com ira, a quem se declara incrédulo. Muitas vezes os jovens me perguntam por que não a retiro, e isto me espanta: por que deveria? Não somos muitos no mundo a trazer esse testemunho.

É preciso fazer violência (útil?) sobre si mesmo para se induzir a falar do destino de tantos indefesos. Ainda uma vez, tento seguir uma lógica que não é minha. Para um nazista ortodoxo devia ser óbvio, nítido, claro que todos os judeus tinham de ser mortos: era um dogma, um postulado. Também as crianças, por certo: também e especialmente as mulheres grávidas, para que não nascessem futuros inimigos. Mas por que, em suas razias furiosas, em todas as cidades e povoados de seu império imenso, violar a porta dos moribundos? Por que se meterem a arrastá-los até os trens, para levá-los a morrer longe, após uma viagem insensata, na Polônia, no limiar das câmaras de gás? Em meu comboio havia duas moribundas de noventa anos, arrancadas da enfermaria de

Fòssoli: uma morreu na viagem, assistida em vão pelas filhas. Não teria sido mais simples, mais "econômico", deixá-las morrer, ou quem sabe assassiná-las, em seus leitos, em vez de inserir sua agonia na agonia coletiva do trem? Verdadeiramente, somos induzidos a pensar que, no Terceiro Reich, a escolha melhor, a escolha imposta de cima para baixo, fosse aquela que comportava a máxima aflição, o máximo esbanjamento de sofrimento físico e moral. O "inimigo" não devia apenas morrer, mas morrer no tormento.

Sobre o trabalho nos *Lager* se escreveu muito; eu mesmo o descrevi a seu tempo. O trabalho não pago, isto é, escravista, era um dos três objetivos do sistema concentracionário; os outros dois eram a eliminação dos adversários políticos e o extermínio das chamadas raças inferiores. Diga-se de passagem: o regime concentracionário soviético diferenciava-se do nazista essencialmente pela falta do terceiro termo e pelo predomínio do primeiro.

Nos primeiros *Lager*, quase contemporâneos da conquista do poder por Hitler, o trabalho era puramente persecutório, praticamente inútil para fins produtivos: mandar gente desnutrida remover turfa ou quebrar pedra só servia como objetivo terrorista. De resto, para a retórica nazista e fascista, herdeira nisto da retórica burguesa, "o trabalho enobrece", e, portanto, os ignóbeis adversários do regime não são dignos de trabalhar no sentido usual do termo. Seu trabalho deve ser aflitivo: não deve abrir espaço para a competência profissional, deve ser aquele dos animais de carga, puxar, empurrar, levar peso, vergar sobrc a terra. Também esta, uma violência inútil: talvez útil apenas para quebrar as resistências atuais e punir as resistências passadas. As mulheres de Ravensbrück narram jornadas intermináveis transcorridas durante o período de quarentena (ou seja, antes do enquadramento nas brigadas de trabalho em fábrica) a remover areia das dunas: em círculos, sob o sol de julho, cada deportada devia deslocar a areia de seu monte para o monte da vizinha da direita, num circuito sem meta nem fim, uma vez que a areia voltava para o lugar de onde era tirada.

Mas é duvidoso que esse tormento do corpo e do espírito, mítico e dantesco, tivesse sido imaginado para prevenir a formação de núcleos de autodefesa ou de resistência ativa: os SS dos *Lager* eram antes brutos obtusos do que demônios sutis. Tinham sido educados para a violência: a violência corria em suas veias, era normal, óbvia. Transbordava de seus rostos, de seus gestos, de sua linguagem. Humilhar, fazer o "inimigo" sofrer era seu ofício de cada dia; não raciocinavam sobre isso, não tinham segundas intenções: a intenção era aquela. Não quero dizer que fossem feitos de uma substância humana perversa, diferente da nossa (entre eles também havia os sádicos, os psicopatas, mas eram poucos): simplesmente, tinham sido submetidos por alguns anos a uma escola em que a moral corrente fora invertida. Num regime totalitário, a educação, a propaganda e a informação não encontram obstáculos: têm um poder ilimitado, uma ideia do qual dificilmente pode fazer quem nasceu e viveu num regime pluralista.

À diferença da atribulação puramente persecutória, tal como a que acabo de descrever, o trabalho às vezes podia tornar-se uma defesa. Assim o era para os poucos que no *Lager* conseguiam ser inseridos em seu próprio ofício: alfaiates, sapateiros, marceneiros, artífices, pedreiros; estes, reencontrando sua atividade habitual, recuperavam ao mesmo tempo, numa certa medida, sua dignidade humana. Mas também o era para muitos outros, como exercício da mente, como evasão do pensamento da morte, como modo de viver o dia a dia; de resto, é experiência comum que os afazeres cotidianos, ainda que penosos ou cansativos, ajudam a desviar a mente de ameaças mais graves, mas mais distantes.

Observei com frequência em alguns companheiros meus (às vezes até em mim mesmo) um fenômeno curioso: a ambição do "trabalho bem-feito" está tão enraizada que impele a "fazer bem" mesmo trabalhos adversos, nocivos aos seus e à sua parte, tanto que é preciso um esforço consciente para executá-los "mal". A sabotagem do trabalho nazista, além de ser perigosa, comportava inclusive a superação de resistências internas atávicas. O pedreiro de Fossano que me salvou a vida, e que descrevi em *É isto um homem?* e em "Lilith", detestava a

Alemanha, os alemães, sua comida, sua maneira de falar, sua guerra; mas, quando o puseram para erguer muros de proteção contra as bombas, fazia-os corretamente, sólidos, com tijolos bem assentados e com toda a argamassa que era necessária; não em reverência às ordens, mas por dignidade profissional. Em *Um dia na vida de Ivan Denissovitch*, Soljenitsin descreve uma situação quase idêntica: Ivan, o protagonista, condenado sem nenhuma culpa a dez anos de trabalho forçado, se compraz em erguer uma parede com perfeição, constatando depois que foi bem-sucedido: Ivan "... era feito justamente daquele modo cretino, nem os oito anos passados nos campos tinham podido fazer com que perdesse aquele hábito: estimava cada coisa e cada trabalho, e não podia permitir que se arruinassem inutilmente". Quem assistiu a um célebre filme, *A ponte do rio Kwai*, recordará o zelo absurdo com que o oficial inglês prisioneiro dos japoneses se obstina em construir para eles uma audaciosíssima ponte de madeira, e se escandaliza quando se dá conta de que os sapadores ingleses a minaram. Como se vê, o amor pelo trabalho bem-feito é uma virtude fortemente ambígua. Animou a Michelangelo até seus últimos dias; mas também Stangl, o diligentíssimo carniceiro de Treblinka, replica com irritação à sua entrevistadora: "Tudo aquilo que fazia por minha livre vontade tinha de fazer da melhor forma que podia. Fui criado assim." Da mesma virtude se orgulhava Rudolf Höss, o comandante de Auschwitz, quando narra o trabalho criativo que o induziu a inventar as câmaras de gás.

Ainda quero aludir, como exemplo extremo de violência simultaneamente estúpida e simbólica, ao uso cruel que foi feito (não episodicamente, mas com método) do corpo humano como um objeto, uma coisa de ninguém, da qual se podia dispor de modo arbitrário. Sobre as experiências médicas conduzidas em Dachau, em Auschwitz, em Ravensbrück e outros lugares, já muito se escreveu, e alguns responsáveis, que nem sempre eram médicos mas com frequência se improvisavam como tais, foram até punidos (não Josef Mengele, o maior e o pior de todos). A gama desses experimentos se estendia desde o controle de novos medicamentos em prisioneiros desinformados até torturas insensatas

100 | Violência inútil

e cientificamente inúteis, como aquelas desenvolvidas em Dachau por ordem de Himmler e por conta de *Luftwaffe*. Aqui, os indivíduos selecionados, às vezes previamente superalimentados para voltarem à normalidade fisiológica, eram submetidos a longos períodos em água gelada, ou introduzidos em câmaras de descompressão nas quais se simulava a rarefação do ar a 20 mil metros (nível que os aviões da época estavam muito longe de atingir), para estabelecer em qual altitude o sangue humano começa a ferver: um dado, este, que se pode obter em qualquer laboratório, com despesa mínima e sem vítimas, ou mesmo deduzir de tabelas comuns. Parece-me significativo recordar estas ignomínias numa época em que, com razão, discutem-se os limites nos quais seja lícito conduzir experiências científicas dolorosas em animais de laboratório. Esta crueldade típica e sem objetivo aparente, mas altamente simbólica, estendia-se, justamente porque simbólica, aos despojos humanos após a morte: àqueles despojos que toda civilização, a partir da mais longínqua pré-história, respeitou, honrou e às vezes temeu. O tratamento a que eram submetidos nos *Lager* queria expressar que não se tratava de restos humanos, mas de matéria bruta, indiferente, boa no melhor dos casos para alguns empregos industriais. Suscita horror e estremecimento, depois de decênios, a vitrina do museu de Auschwitz onde estão expostos desordenadamente, aos montes, os cabelos das mulheres destinadas ao gás ou ao *Lager*: o tempo os descoloriu e corrompeu, mas continuam a murmurar diante do espectador sua muda acusação. Os alemães não tiveram tempo de encaminhá-los para sua destinação: esta insólita mercadoria era adquirida por alguns industriais têxteis alemães, que a usavam para a confecção de aniagem e de outros tecidos industriais. É pouco provável que os utilizadores não soubessem de qual material se tratava. É igualmente pouco provável que os vendedores, ou seja, as autoridades SS do *Lager*, tirassem disso um lucro efetivo: sobre a motivação do lucro prevalecia aquela do ultraje.

As cinzas humanas provenientes dos fornos crematórios, toneladas por dia, eram facilmente reconhecíveis como tais, uma vez que continham com frequência dentes ou vértebras. Não obstante, foram usadas para vários fins: para aterrar trechos pantanosos, como isolante térmico nos interstícios de construções de madeira, como fertilizante fosfático; assinaladamente, foram empregadas em vez de saibro para revestir os caminhos da vila dos SS, situada ao lado do campo. Eu não saberia dizer se puramente pela consistência ou se, ao contrário, pelo fato de que, em sua origem, aquele material devia ser pisado.

Não me iludo de ter esgotado a questão, nem de ter demonstrado que a crueldade inútil haja sido patrimônio exclusivo do Terceiro Reich e consequência necessária de suas premissas ideológicas; o que sabemos, por exemplo, do Camboja de Pol Pot sugere outras explicações, mas o Camboja está longe da Europa e dele sabemos pouco: como poderíamos discutir? Decerto, este foi um dos traços fundamentais do hitlerismo, não só dentro dos *Lager*, e me parece que seu melhor comentário se encontra resumido nestas duas frases extraídas da longa entrevista feita por Gitta Sereny ao já citado Franz Stangl, ex-comandante de Treblinka (*In quelle tenebre*):

> "Visto que os matariam a todos (...) que sentido tinham as humilhações, as crueldades?" – pergunta a escritora a Stangl, detido para sempre no cárcere de Düsseldorf; e este responde: "Para condicionar aqueles que deviam executar materialmente as operações. Para tornar-lhes possível fazer o que faziam."

Noutras palavras: antes de morrer, a vítima deve ser degradada, a fim de que o assassino sinta menos o peso de seu crime. É uma explicação não carente de lógica, mas que brada aos céus: é a única utilidade da violência inútil.

VI

O INTELECTUAL EM AUSCHWITZ

Entrar em polêmica com um morto é embaraçoso e pouco leal, ainda mais quando o ausente é um amigo potencial e um interlocutor privilegiado; mas pode ser uma passagem obrigatória. Estou falando de Hans Mayer, aliás Jean Améry, o filósofo suicida e teórico do suicídio, que já citei na página 17: entre estes dois nomes se desdobra em tensão sua vida sem paz e sem busca da paz. Nascera em Viena em 1912, de uma família predominantemente judia, mas assimilada e integrada no Império Austro-Húngaro. Embora ninguém se tivesse convertido ao cristianismo nas formas devidas, em sua casa se festejava o Natal em torno da árvore enfeitada; por ocasião dos pequenos incidentes domésticos, sua mãe invocava Jesus, José e Maria, e a fotografia-lembrança de seu pai, morto na frente durante a Primeira Guerra Mundial, não mostrava um sábio judeu de barbas, mas um oficial no uniforme dos *Kaiserjäger* tiroleses. Até os dezenove anos, Hans jamais ouvira falar na existência de uma língua ídiche.

Diploma-se em Viena em Letras e Filosofia, não sem alguns choques com o nascente partido nacional-socialista: para ele, ser judeu não importa, mas, para os nazistas, suas opiniões e tendências não têm nenhum peso; a única coisa que conta é o sangue, e seu sangue é suficientemente impuro para fazer dele um inimigo do germanismo. Um murro nazista lhe quebra um dente, e o jovem intelectual fica orgulhoso da falha na arcada, como se fosse uma cicatriz adquirida num duelo estudantil. Com as leis de Nuremberg de 1935 e, depois, com a anexação da Áustria pela Alemanha em 1938, seu destino conhece uma reviravolta, e o jovem

Os afogados e os sobreviventes | 103

Hans, cético e pessimista por natureza, não tem ilusões. É suficientemente lúcido (*Luziditat* será sempre um de seus vocábulos preferidos) para compreender precocemente que cada judeu em mãos alemãs é "um morto em férias, alguém a ser assassinado".

Judeu ele não se considera: não conhece o hebraico nem a cultura hebraica, não dá ouvidos ao verbo sionista, religiosamente é um agnóstico. E não se sente em condições de construir uma identidade que não possui: seria uma falsificação, uma fanfarronice. Quem não nasceu dentro da tradição judaica não é um judeu, e dificilmente pode tornar-se um: por definição, uma tradição é herdada; é um produto dos séculos, não se fabrica *a posteriori*. No entanto, para viver é preciso uma identidade, ou seja, uma dignidade. Para ele os dois conceitos coincidem, quem perde uma perde também a outra, morre espiritualmente: destituído de defesas, está exposto inclusive à morte física. Ora, a ele, e aos tantos judeus alemães que, como ele, tinham acreditado na cultura alemã, a identidade alemã fora denegada: nas páginas imundas do *Stürmer* de Streicher, o judeu aparece descrito pela propaganda nazista como um parasita peloso, gordo, de pernas curtas, nariz pontiagudo, orelhas de abano, apto somente para lesar os outros. Por axioma, alemão não é: ao contrário, basta sua presença para contaminar os balneários públicos e até os bancos de praça.

Dessa degradação, *Entwürdigung*, é impossível defender-se. O mundo inteiro a ela assiste, impassível; os judeus alemães mesmos, quase todos, submetem-se à prepotência do Estado e se sentem objetivamente degradados. O único modo de se subtraírem dela é paradoxal e contraditório: aceitar o próprio destino, neste caso o judaísmo, e ao mesmo tempo rebelar-se contra a escolha imposta. Para o jovem Hans, judeu de retorno, ser judeu é simultaneamente impossível e obrigatório; sua divisão, que o seguirá até a morte e a provocará, começa aqui. Nega possuir coragem física, mas não lhe falta coragem moral: em 1938 deixa sua pátria "anexada" e emigra para a Bélgica. Daí por diante será Jean Améry, um quase-anagrama de seu nome original. Por dignidade, não por outra coisa, aceitará o judaísmo, mas como judeu "[irá] pelo mundo como doente de uma daquelas enfermidades que não provocam grandes sofrimentos, mas têm seguramente um desfecho letal". Ele, um culto humanista e crítico alemão, se esforça por virar um escritor francês (jamais o conseguirá) e adere na Bélgica a um movimento da Resistência cujas esperanças políticas efetivas são muito escassas; sua moral, pela qual pagará um preço muito alto em termos materiais e espirituais, já está transformada: pelo menos simbolicamente, consiste em "dar o troco".

Em 1940 a maré hitleriana também submerge a Bélgica, e Jean, que apesar de sua escolha permaneceu um intelectual solitário e introvertido, em 1943 cai nas mãos da Gestapo. Exigem-lhe que revele os nomes de seus companheiros e dirigentes, sob pena de tortura. Ele não é um herói: em suas páginas, admite honestamente que, se os conhecesse, teria falado, mas não os conhece. Amarram suas mãos às costas e o suspendem pelos pulsos a uma roldana. Segundos depois, os braços estão deslocados e ficam voltados para cima, em sentido vertical, nas costas. Os carrascos insistem, açoitam o corpo suspenso já quase inconsciente, mas Jean não sabe nada, não pode refugiar-se nem mesmo na traição. Recupera-se, mas é identificado como judeu, e o remetem para Auschwitz-Monowitz, o mesmo *Lager* em que eu também seria confinado alguns meses mais tarde.

Apesar de não nos termos revisto nunca, trocamos algumas cartas após a libertação, reconhecendo-nos, ou melhor, conhecendo-nos através dos livros respectivos. Nossas recordações coincidem bastante bem no plano dos detalhes materiais, mas divergem num particular curioso: eu, que sempre sustentei ter conservado de Auschwitz uma memória completa e indelével, esqueci sua figura; ele afirma lembrar-se de mim, embora me confundisse com Cario Levi, já então conhecido na França como exilado e como pintor. Diz até que passamos algumas semanas no mesmo alojamento e que não me esqueceu porque os italianos eram tão poucos que quase constituíam uma raridade; além disso, porque no *Lager*, nos últimos dois meses, eu exercia substancialmente minha profissão, a de químico: e esta era uma raridade até maior.

Esta minha análise pretende ser, ao mesmo tempo, um resumo, uma paráfrase, uma discussão e uma crítica de um *seu* ensaio amargo e gélido, que tem dois títulos (*O intelectual em Auschwitz* e *Nos limites do espírito*). Foi extraído de um volume que há muitos anos gostaria de ver traduzido em italiano: também ele tem dois títulos, *Além da culpa e da expiação* e *Tentativa de superação de um oprimido* (*Jenseits von Schuld und Sühne*).

Como se vê pelo primeiro título, o tema do ensaio de Améry está circunscrito com precisão. Améry esteve em várias prisões nazistas e, além disto, depois de Auschwitz, ficou brevemente em Buchenwald e em Bergen-Belsen, mas suas observações, por bons motivos, se limitam a Auschwitz: os confins do espírito, o não imaginável estavam lá. Ser um intelectual em Auschwitz era uma vantagem ou uma desvantagem?

É preciso, naturalmente, definir o que se entende por intelectual. A definição que Améry propõe é típica e discutível:

> Certamente, não pretendo aludir a quem quer que exerça uma das chamadas profissões intelectuais: ter tido um bom nível de instrução talvez seja uma condição necessária, mas não suficiente. Cada um de nós conhece advogados, médicos, engenheiros, provavelmente até filólogos, que não são por certo inteligentes, muitas vezes até excelentes em seu ramo, mas que não podem ser definidos como intelectuais. Um intelectual, como eu gostaria que aqui fosse entendido, é um homem que vive num sistema de referência que é espiritual no sentido mais amplo. O campo de suas observações é essencialmente humanista ou filosófico. Tem uma consciência estética bem-desenvolvida. Por tendência e por aptidão, é atraído pelo pensamento abstrato (...). Quando se lhe fala de "sociedade", não compreende o termo no sentido mundano, mas no sociológico. O fenômeno físico que conduz a um curto-circuito não lhe interessa, mas ele conhece profundamente Neidhart von Reuenthal, poeta cortesão do mundo camponês.

A definição me parece inutilmente restritiva: mais do que uma definição, é uma autodescrição, e, pelo contexto no qual está inserida, dela não excluo uma pitada de ironia: com efeito, conhecer von Reuenthal, como certamente Améry o conhecia, valia pouco em Auschwitz. Parece-me mais oportuno que no termo "intelectual" também se incluam, por exemplo, o matemático, o naturalista ou o filósofo da ciência; além disto, deve-se observar que em países diferentes ele assume tonalidades diferentes. Mas não há motivo para disputas sutis; vivemos, afinal, numa Europa que se pretende unida, e as considerações de Améry ainda subsistem mesmo se o conceito em discussão for entendido em seu sentido mais amplo; e não quero seguir a trilha de Améry, modelando uma definição alternativa a partir de minha condição atual ("intelectual" talvez eu seja hoje, embora a palavra me dê um vago mal-estar; certamente, não o era então, por imaturidade moral, ignorância ou alienação; se depois me tornei intelectual, devo-o paradoxalmente à experiência do *Lager*). Proporia ampliar o termo à pessoa culta, independentemente de seu ofício cotidiano; cuja cultura seja viva, na medida em que se esforça por renovar-se, ampliar-se e atualizar-se; e que não experimente indiferença ou aborrecimento diante de nenhum ramo do saber, mesmo que, evidentemente, não os possa cultivar a todos.

De qualquer modo, seja qual for a definição que se retenha, só se pode concordar com as conclusões de Améry. No trabalho, que era predominantemente manual, o homem culto em geral estava no *Lager* em situação muito pior do que o inculto. Faltava-lhe, além da força física, a familiaridade com os instrumentos e o treinamento, que frequentemente possuíam seus colegas operários ou camponeses; ao contrário, era atormentado por um agudo sentimento de humilhação e destituição. De *Entwürdigung*, precisamente: de dignidade perdida. Recordo com precisão meu primeiro dia de trabalho no canteiro de serviços da Buna. Antes ainda de fazer constar a chegada dos italianos (quase todos profissionais liberais ou comerciantes) nos registros do campo, mandaram-nos temporariamente alargar uma grande trincheira de terra argilosa. Botaram-me na mão uma pá e foi logo um desastre: deveria pegar a terra removida do fundo da trincheira e jogá-la sobre a borda, que tinha uma altura de mais de dois metros. Parece fácil, mas não é: se não se trabalha com ímpeto, e com ímpeto justo, a terra não fica na pá e volta a cair, muitas vezes na cabeça do cavador inexperiente.

Também o mestre de obras "civil" a que fomos entregues era provisório. Tratava-se de um alemão já velho, tinha a aparência de um homem capaz, e se mostrava sinceramente escandalizado com nossa falta de jeito. Quando tentamos explicar-lhe que quase nenhum de nós jamais tinha tido uma pá nas mãos, deu de ombros com impaciência: que diabo, éramos prisioneiros de uniforme listado, ainda por cima judeus. Todos devem trabalhar, porque "o trabalho liberta": não estava escrito assim na entrada do *Lager*? Não era uma brincadeira, era exatamente assim. Bem, se não sabíamos trabalhar, só o que havia a fazer era aprender; não éramos talvez capitalistas? Nós mereceríamos: hoje eu, amanhã você. Alguns de nós se rebelaram e levaram as primeiras pancadas de suas vidas dos *Kapos* que inspecionavam a área; outros se abateram; outros ainda (entre eles, eu) intuíram confusamente que não havia saída e que a melhor solução seria aprender a manejar a pá e a picareta.

No entanto, à diferença de Améry e de outros, meu sentimento de humilhação devido ao trabalho manual foi moderado: evidentemente, não era ainda suficientemente "intelectual". No fundo, por que não? Possuía um diploma, certo, mas tratava-se de sorte não merecida; minha família tinha sido suficientemente rica do ponto de me fazer estudar: muitos coetâneos meus haviam mexido com terra desde a adolescência. Não queria a igualdade? Pois agora a tinha. Fui obrigado a mudar de opinião poucos dias depois, quando as mãos e os pés se cobriram de bolhas e de feridas: não, nem mesmo cavadores de terra se improvisam. Tive de aprender rapidamente algumas coisas fundamentais, que os menos afortunados (mas no *Lager* eram os mais afortunados!) aprendem desde crianças: o modo justo de empunhar os instrumentos, os movimentos corretos dos braços e do tronco, o controle do cansaço e a resistência à dor, a intuição de parar pouco antes da exaustão, à custa de tomar murros e chutes dos *Kapos* e, às vezes, também dos alemães "civis" da IG Farbenindustrie. Os golpes, como disse noutra parte, geralmente não são mortais, ao contrário do colapso; um murro bem dado contém em si sua própria anestesia, seja corpórea, seja espiritual.

108 | O intelectual em Auschwitz

À parte o trabalho, também a vida no alojamento era mais penosa para o homem culto. Era uma vida hobbesiana, uma guerra contínua de todos contra todos (insisto: trata-se de Auschwitz, capital concentracionária, em 1944. Em outros lugares, ou em outras épocas, a situação podia ser melhor, ou até muito pior). O soco dado pela Autoridade podia ser aceito, era, literalmente, um caso de força maior; ao contrário, não se podiam aceitar, porque inesperados e fora das regras, os golpes recebidos dos companheiros, aos quais raramente o homem civilizado sabia reagir. Além disso, uma dignidade podia ser encontrada no trabalho manual, inclusive no mais cansativo, e era possível a ele adaptar-se, quem sabe nisto percebendo uma ascese grosseira ou, segundo o temperamento, um "medir-se" conradiano, um reconhecimento dos próprios limites. Era muito mais difícil aceitar a *routine* do alojamento: arrumar a cama no modo perfeccionista e idiota que descrevi entre as violências inúteis, lavar o chão de madeira com sórdidos trapos molhados, vestir-se e desnudar-se sob ordens, exibir-se nu por ocasião dos inúmeros controles de piolhos, sarnas, da limpeza pessoal, adotar a paródia militarista da "ordem unida", da "posição de sentido", de "tirar o gorro" de improviso diante do SS graduado, de ventre suíno. Isto, sim, era percebido como uma destituição, uma regressão mortal para um estado de infância desolado, carente de amor e de mestres.

Também Améry-Mayer afirma ter sofrido em razão da mutilação de linguagem que mencionei no quarto capítulo: no entanto, ele era de língua alemã. Sofreu com isso de modo diferente de nós, aloglotas, reduzidos à condição de surdos-mudos: se me for lícito, de um modo mais espiritual do que material. Sofreu com isso *porque* era de língua alemã, porque era um filólogo amante de sua língua: como sofreria um escultor que visse deturparem ou amputarem uma estátua sua. Assim, o sofrimento do intelectual era diferente, neste caso, daquele do estrangeiro inculto: para este, o alemão do *Lager* era uma linguagem que ele não compreendia, com risco de sua vida; para aquele, era um jargão bárbaro, que ele compreendia mas lhe esfolava a boca se tentava falá-lo. Um era deportado, outro, um estrangeiro na pátria.

A propósito dos golpes entre companheiros: não sem divertimento e altivez retrospectiva, Améry narra em outro ensaio seu um episódio-

-chave, a ser inserido em sua nova moral do *zurückschlagen*, de "dar o troco". Por uma bobagem, um criminoso comum polonês, um bruta-montes, lhe dá um murro na cara; ele, não por reação animalesca, mas por revolta deliberada contra o mundo subvertido do *Lager*, devolve o golpe da melhor forma que pode. "Minha dignidade", diz, "estava toda naquele soco desferido contra seu queixo; o fato de que no fim das contas tenha sido eu, muito mais fraco fisicamente, que sucumbi sob uma pancadaria desapiedada, não mais teve nenhuma importância. Doído com as pancadas, estava satisfeito comigo mesmo."

Aqui devo admitir uma absoluta inferioridade minha: jamais soube "dar o troco", não por santidade evangélica nem por aristocracia intelectualista, mas por incapacidade intrínseca. Talvez por falta de uma educação política séria: de fato, não existe programa político, até o mais moderado, até o menos violento, que não admita uma forma qualquer de defesa ativa. Talvez por falta de coragem física: possuo-a em certa medida diante dos perigos naturais e da doença, mas nunca diante do ser humano que agride. "Brigar" é uma experiência que me falta, desde a época mais remota a que chega minha memória: e não posso dizer que lamento isto. Justamente por isso minha carreira na Resistência foi tão breve, dolorosa, estúpida e trágica: desempenhava o papel de outro. Admiro a virada de Améry, sua escolha corajosa de sair da torre de marfim e ir à luta, mas isto estava, e ainda está, fora de meu alcance. Admiro-a: mas devo constatar que esta escolha, que se prolonga por todo o seu período pós-Auschwitz, o conduziu a posições de uma tal severidade e intransigência que ele se tornou incapaz de encontrar alegria na vida, ou melhor, de viver: quem "briga" com o mundo todo reencontra sua dignidade, mas paga-a a um preço altíssimo, porque está seguro de ser derrotado. O suicídio de Améry, ocorrido em 1978 em Salzburgo, como todos os suicídios admite uma miríade de explicações, mas, *a posteriori*, o episódio do desafio contra o polonês oferece-lhe uma interpretação.

Soube há alguns anos que, numa carta sua a uma amiga comum, Hety S., de quem falarei posteriormente, Améry me definiu como "o perdoador". O que não considero nem uma ofensa nem um elogio, mas uma imprecisão. Não tenho tendência a perdoar, jamais perdoei a nenhum de nossos inimigos de então nem tenho vontade de perdoar a seus imitadores na Argélia, no Vietnã, na União Soviética, no Chile, na Argentina, no Camboja, na África do Sul, porque não conheço atos humanos que possam cancelar um crime; exijo justiça, mas não sou capaz, pessoalmente, de brigar nem de dar o troco.

Só uma vez tentei fazê-lo. Elias, o anão robusto de que falei em *É isto um homem?* e em "Lilith", aquele que, segundo toda aparência, "no *Lager* era feliz", não me lembro por qual motivo me havia prendido as mãos, me insultava e impelia contra uma parede. Como Améry, tive um acesso de orgulho; consciente de trair a mim mesmo e de transgredir uma norma transmitida por inúmeros antepassados avessos à violência, tentei defender-me e lhe acertei um chute na tíbia com o solado de madeira. Elias rugiu, não pela dor mas por sua dignidade atingida. Como um raio, dobrou-me os braços no peito e me pôs por terra com todo o seu peso; então me apertou a garganta, observando-me atentamente a face com seus olhos que recordo muito bem, a um palmo dos meus, fixos, de um azul pálido de porcelana. Apertou até que viu aproximarem-se os sinais de inconsciência; aí, sem uma palavra, largou-me e foi embora.

Depois dessa confirmação, prefiro, nos limites do possível, delegar punições, vinganças e retaliações às leis de meu país. É uma escolha forçada: sei como os respectivos mecanismos funcionam mal, mas eu sou tal qual fui construído por meu passado, e não me é mais possível mudar. Se também tivesse sentido o mundo desabar; se tivesse sido condenado ao exílio e à perda da identidade nacional; se também tivesse sido torturado até perder os sentidos ou coisa pior, talvez aprendesse a dar o troco e nutrisse, como Améry, aqueles "ressentimentos" aos quais ele dedicou um longo ensaio cheio de angústia.

Essas são as evidentes desvantagens da cultura em Auschwitz. Mas não havia mesmo vantagens? Seria ingratidão, em face da modesta (e "datada") cultura ginasiana e universitária que me coube, se o negasse;

nem o nega Améry. A cultura podia servir: não frequentemente, não por toda parte, não para todos, mas algumas vezes, em alguma rara ocasião, preciosa como uma pedra preciosa, a cultura também servia, e nos sentíamos como levantados do chão; com o risco de cair de novo pesadamente, fazendo-nos tanto mais mal quanto mais alta e mais longa tivesse sido a exaltação.

Améry narra, por exemplo, o caso de um amigo seu que em Dachau estudava Maimônides; mas o amigo era enfermeiro no ambulatório, e em Dachau, que também era um *Lager* duríssimo, havia nada menos que uma biblioteca, ao passo que em Auschwitz só o fato de passar os olhos num jornal constituía um evento inaudito e perigoso. Narra também ter sentado num fim de tarde, na marcha de volta do trabalho, em meio à lama polonesa, reencontrar em certos versos de Hölderlin a mensagem poética que em outra época o comovera, sem ter conseguido: os versos estavam ali, ressoavam-lhe no ouvido, mas não lhe diziam mais nada; enquanto num outro momento (tipicamente, na enfermaria, depois de ter tomado uma sopa suplementar, isto é, numa trégua da fome) se entusiasmara até a embriaguez evocando a figura de Joachim Ziemssen, o oficial mortalmente enfermo, mas fiel ao dever, da *Montanha mágica*, de Thomas Mann.

A mim a cultura foi útil; nem sempre, às vezes por vias subterrâneas e imprevistas, mas me serviu e talvez me haja salvo. Releio após quarenta anos, em *É isto um homem?*, o capítulo "O canto de Ulisses": é um dos poucos episódios cuja autenticidade pude verificar (trata-se de uma operação reconfortante; a distância, como disse no primeiro capítulo, pode-se duvidar da própria memória), porque meu interlocutor de então, Jean Samuel, figura entre os pouquíssimos personagens do livro que sobreviveram. Permanecemos amigos, encontramo-nos várias vezes, e suas recordações coincidem com as minhas: ele se lembra daquela conversa, mas, por assim dizer, sem ênfases, ou com as ênfases deslocadas. Dante, então, não lhe interessava; interessava-lhe eu, em minha tentativa ingênua e presunçosa de transmitir-lhe Dante, minha língua e minhas confusas reminiscências escolares, num período de meia hora e sob o tacão da fome, durante a distribuição da sopa. Ora, ao escrever "daria a sopa de hoje para poder lembrar até o fim", não mentia e não exagerava. Teria dado verdadeiramente pão e sopa, ou seja, sangue, para salvar do nada aquelas recordações, que hoje, com o apoio seguro do papel impresso, posso reavivar quando quero e de modo gratuito, e que por isso parecem valer pouco.

Lá, naquele momento, valiam muito. Permitiam-me restabelecer uma ligação com o passado, salvando-o do esquecimento e fortalecendo minha identidade. Convenciam-me de que a mente, apesar de premiada pelas necessidades cotidianas, não tinha deixado de funcionar. Promoviam-me a meus olhos e aos olhos de meu interlocutor. Concediam-me um descanso efêmero mas não embotado; ao contrário, libertador e diferencial: um modo, em suma, de reencontrar a mim mesmo. Quem leu ou viu *Fahrenheit 451* de Ray Bradbury teve ocasião de imaginar o que significaria ser obrigado a viver num mundo sem livros e o valor que nele assumira a memória dos livros. Para mim o *Lager* foi isto também: antes e após "Ulisses", lembro-me de ter assediado obsessivamente meus companheiros italianos para que me ajudassem a recuperar este ou aquele farrapo de meu mundo anterior, não obtendo muita coisa e lendo em seus olhos, ao contrário, cansaço e suspeita: o que este sujeito está tentando, com Leopardi e o Número de Avogrado? Será que a fome o está enlouquecendo?

Não devo desprezar a ajuda que obtive de meu ofício de químico. No plano prático, salvou-me provavelmente de pelo menos algumas seleções para o gás: daquilo que li depois sobre o tema (particularmente em *The Crime and Punishment of IG-Farben*, de J. Borkin, soube que o *Lager* de Monowitz, embora dependesse de Auschwitz, pertencia à IG-Farbenindustrie, era em suma um *Lager* privado; e os industriais alemães, um pouco menos míopes do que os dirigentes nazistas, se davam conta de que os especialistas, entre os quais me situava depois de ter passado no exame de química a que fui submetido, não eram facilmente substituíveis. Mas não quero aludir aqui a esta condição de privilégio nem às vantagens óbvias de trabalhar num ambiente fechado, sem cansaço físico e sem *Kapos* violentos: aludo a uma outra vantagem. Creio poder contestar, "por experiência pessoal", a afirmação de Améry que exclui os cientistas, e mais ainda os técnicos, do rol dos intelectuais: estes últimos, para ele, deveriam recrutar-se exclusivamente no campo das letras e da filosofia. Leonardo da Vinci, que se definia "homem sem letras", não era um intelectual?

Junto com a bagagem de noções práticas, eu havia obtido dos estudos mentais e trazido para o *Lager* um patrimônio maldefinido de hábitos mentais que derivam da química e áreas relacionadas, mas que encontram aplicações mais amplas. Se ajo de um certo modo, como reagirá a substância que tenho entre as mãos, ou o meu interlocutor humano? Por que a substância, ou ele, ou ela, manifestam, interrompem ou mudam um determinado comportamento? Posso antecipar o que ocorrerá em torno de mim daqui a um minuto, amanhã ou daqui a um mês? Se sim, quais são os sinais que contam e quais os que podem ser postos à parte? Posso prever o golpe, saber de que lado virá, detê-lo, desviar-me?

Mas sobretudo, e mais especificamente: com meu ofício, contraí um hábito que pode ser julgado de modos diferentes e definido à vontade como humano ou desumano, o de não permanecer jamais indiferente aos personagens que o acaso me apresenta. São seres humanos, mas também "amostras", exemplares de um catálogo, a serem reconhecidos, analisados e sopesados. Ora, a amostragem que Auschwitz me descortinara era abundante, variada e estranha; composta de amigos, de neutros e de inimigos, ou seja, alimento para minha curiosidade, que alguns, então e depois, julgaram distanciada. Um alimento que certamente contribuiu para manter viva uma parte de mim e que, posteriormente, me forneceu matéria para pensar e para construir livros. Como disse, não sei se era intelectual lá: talvez o fosse episodicamente, quando a pressão arrefecia; e se depois me tornei um, a experiência alcançada por certo me deu uma contribuição. Esta atitude "naturalista", eu o sei, não provém só nem necessariamente da química, mas para mim proveio da química. Ademais, que não pareça cínico afirmar: para mim, como para Lidia Rolfi e para muitos outros sobreviventes "afortunados", o *Lager* foi uma universidade; ensinou-nos a olhar em redor e a medir os homens.

Neste aspecto, minha visão de mundo foi diferente, e complementar, daquela de meu companheiro e antagonista Améry. De seus escritos transparece um interesse diverso: o do combatente político diante da enfermidade que empestava a Europa e ameaçava (e ainda ameaça) o mundo; o do filósofo diante do Espírito, que em Auschwitz era vacante; o do erudito mutilado, a quem as forças da história retiraram a pátria e a identidade. Com efeito, seu ponto de vista está voltado para o alto, detendo-se raramente na multidão do *Lager* e em seu personagem típico, o "muçulmano", o homem depauperado, cujo intelecto está moribundo ou morto.

Portanto, a cultura podia servir, embora apenas em alguns casos marginais e por curtos períodos; podia embelezar algumas horas, estabelecer uma ligação fugaz com um companheiro, manter a mente viva e sadia. Decerto, não servia para orientar nem para compreender: a esse respeito, minha experiência de estrangeiro coincide com a do alemão Améry. A razão, a arte, a poesia não ajudam a decifrar o lugar do qual foram banidas. Na vida cotidiana de "lá embaixo", feita de náusea coalhada de horror, era salutar esquecê-las, do mesmo modo como era salutar aprender a esquecer casa e família; não quero falar de um esquecimento definitivo, do qual aliás ninguém é capaz, mas de um lançamento àquele desvão da memória onde se acumula o material que estorva e não serve mais à vida de todos os dias.

A essa operação estavam mais inclinados os incultos do que os cultos. Adaptavam-se antes àquele "não tentar entender", que era o primeiro lema de sabedoria a ser aprendido no *Lager*; tentar entender, lá, no local, era um esforço inútil, mesmo para os muitos prisioneiros que vinham de outros *Lager* ou que, como Améry, conheciam a história, a lógica e a moral, e que, além disso, tinham experimentado a prisão e a tortura: um desperdício de energias, que seria mais útil investir na luta cotidiana contra a fome e o cansaço. Lógica e moral impediam a aceitação de uma realidade ilógica e imoral: daí decorria uma recusa da realidade que em regra conduzia rapidamente o homem culto ao desespero; mas as variedades do animal-homem são inumeráveis, e vi e descrevi homens de cultura refinada, especialmente jovens, dela se livrarem, simplificarem-se, embrutecerem e sobreviverem.

O homem simples, habituado a não formular perguntas, estava protegido do inútil tormento de perguntar por quê; além disto, muitas vezes possuía um ofício ou uma habilidade manual que facilitavam sua inserção. Seria difícil dar uma relação completa de tais ocupações, até porque variavam de *Lager* para *Lager* e de momento para momento. A título de curiosidade: em Auschwitz, em dezembro de 1944, com os russos às portas, os bombardeios diários e o gelo que rachava os dutos, foi instituído um *Buchhalter-Kommando*, uma Brigada Contábil; chamou-se inclusive para dela fazer parte aquele Steinlauf que descrevi no terceiro capítulo de *É isto um homem?*, o que não bastou para salvá-lo da morte. Naturalmente, tratava-se de um caso-limite, a ser enquadrado na loucura geral do ocaso do Terceiro Reich; mas era normal e compreensível que encontrassem um bom lugar os alfaiates, os sapateiros, os mecânicos, os pedreiros; estes eram até extremamente escassos; exatamente em Monowitz foi instituída (certamente, não por um objetivo humanitário) uma escola do ofício de pedreiro para os prisioneiros com idade inferior a dezoito anos.

Também o filósofo, diz Améry, podia chegar à aceitação, mas por um caminho mais longo. Podia suceder que rompesse a barreira do senso comum, que lhe vetava considerar boa uma realidade excessivamente feroz; enfim, podia admitir que, vivendo num mundo monstruoso, os monstros existem, e que ao lado da lógica de Descartes existia a dos SS:

> E se aqueles que se propunham aniquilá-lo tivessem razão, com base no fato inegável de que eram os mais fortes? Deste modo, a tolerância espiritual básica e a dúvida metódica do intelectual se tornavam fatores de autodestruição. Sim, os SS podiam muito bem fazer o que faziam: o direito natural não existe, e as categorias morais nascem e morrem como as modas. Havia uma Alemanha que mandava para a morte os judeus e os adversários políticos porque julgava que só por esta via

poderia realizar-se. E daí? Também a civilização grega se fundara na escravidão, e um exército ateniense aquartelara em Melos tal como os SS na Ucrânia. Eliminaram-se vítimas humanas em número inaudito até onde a luz da história pode iluminar o passado, e, de qualquer modo, a perenidade do progresso humano seria tão somente uma ingenuidade nascida no século XIX. "Links, zwei, drei, vier", a voz de comando dos Kapos para ritmar a marcha, era um ritual como tantos outros. Diante do horror não há muita coisa a opor: a Via Appia fora ladeada por duas fileiras de escravos crucificados, e em Birkenau exalava o fedor de corpos humanos queimados. No Lager o intelectual não estava mais do lado do Craso, mas de Espártaco: eis tudo.

Essa capitulação diante do horror intrínseco do passado podia conduzir o homem culto à abdicação intelectual, fornecendo-lhe ao mesmo tempo as armas de defesa de seu companheiro inculto: "sempre foi assim, sempre será assim". Talvez a ignorância da história me haja protegido dessa metamorfose; por outro lado, para sorte minha, também não estava exposto a um outro perigo que Améry menciona com justeza: por natureza, o intelectual (alemão, permito-me acrescentar a seu enunciado) tende a fazer-se cúmplice do Poder e, portanto, a aprová-lo. Tende a seguir as pegadas de Hegel e a deificar o Estado, qualquer Estado: só o fato de existir justifica sua existência. O noticiário da Alemanha hitleriana fervilha de casos que confirmam essa tendência: a ela se submeteram, confirmando-a, Heidegger, o filósofo, mestre de Sartre; Stark, o físico, Prêmio Nobel; Faulhaber, o cardeal, suprema autoridade católica na Alemanha, entre inúmeros outros.

Ao lado dessa propensão latente do intelectual agnóstico, Améry observa aquilo que todos nós, ex-prisioneiros, observamos: os não agnósticos, os seguidores de qualquer credo resistiram melhor à sedução do Poder, desde que, naturalmente, não fossem crentes do verbo nacional-socialista (a reserva não é supérflua: nos Lager, e também marcados com o triângulo vermelho dos prisioneiros políticos, havia mesmo alguns nazistas convictos, que haviam caído em desgraça por dissidência ideológica ou por razões pessoais. Causavam incômodo a todos); em definitivo, também suportaram melhor a prova do *Lager* e sobreviveram em número proporcionalmente mais elevado.

Como Améry, eu próprio entrei no *Lager* na condição de não crente, como tal fui libertado e vivi até hoje; antes, a experiência do *Lager*, sua iniquidade espantosa me confirmaram em minha laicidade. Impediram-me, e ainda me impedem, de conceber uma forma qualquer de providência ou de justiça transcendente: por que os moribundos em vagões de gado? Por que as crianças no gás? Todavia, devo admitir ter experimentado (e, de novo, só uma vez) a tentação de ceder, de buscar refúgio na oração. Isto ocorreu em outubro de 1944, no único momento em que me aconteceu perceber lucidamente a iminência da morte: quando, nu e espremido entre os companheiros nus, com minha ficha pessoal nas mãos, esperava desfilar diante da "comissão" que, com uma passada de olhos, decidiria se eu iria logo para a câmara de gás ou se, ao contrário, ainda estava bastante forte para trabalhar. Por um instante, experimentei a necessidade de pedir ajuda e refúgio; depois, apesar da angústia, prevaleceu a serenidade: não se mudam as regras do jogo no fim da partida, nem quando se está perdendo. Uma prece naquela condição teria sido não só absurda (quais direitos podia reivindicar? E de quem?) mas blasfema, obscena, carregada da máxima impiedade de que um não crente seja capaz. Afastei aquela tentação: sabia que de outro modo, se sobrevivesse, me envergonharia dela.

Não só nos momentos cruciais das seleções ou dos bombardeios aéreos, mas também na opressão da vida cotidiana, os adeptos de uma crença viviam melhor: tanto eu quanto Améry observamos isto. Não tinha nenhuma importância qual fosse seu credo, religioso ou político. Sacerdotes católicos ou reformados, rabinos das várias ortodoxias, sionistas militantes, marxistas ingênuos ou sofisticados, Testemunhas de Jeová estavam irmanados pela força salvífica de sua fé. Seu universo era mais amplo do que o nosso, mais estendido no tempo e no espaço, sobretudo mais compreensível: possuíam uma chave e um ponto de apoio, um amanhã milenarista pelo qual podia ter um sentido sacrificarem-se, um lugar no céu ou na terra em que a justiça e a misericórdia haviam vencido ou venceriam num futuro talvez longínquo, mas certo: Moscou, a Jerusalém celestial ou a terrestre. Sua fome era diferente da nossa; era uma punição divina, ou uma expiação, ou uma oferta votiva, ou o fruto da podridão capitalista. A dor, neles ou ao redor deles, era decifrável e, por isto, não desaguava no desespero. Olhavam-nos com comiseração, às vezes com desprezo; alguns deles, nos intervalos da fadiga, buscavam evangelizar-nos. Mas como um leigo pode fabricar ou aceitar momentaneamente uma fé "oportuna" só porque é oportuna?

Nos dias fulgurantes e muito densos que se seguiram imediatamente à libertação, num cenário miserável de moribundos, de mortos, de vento infecto e de neve suja, os russos me mandaram ao barbeiro pela primeira vez em minha nova vida de homem livre. O barbeiro era um ex-prisioneiro político, um operário francês da *ceinture*; sentimo-nos logo irmãos, e eu fiz alguns comentários banais sobre nossa improvável salvação: éramos condenados à morte libertados no estrado da guilhotina, certo? Ele me olhou boquiaberto e em seguida exclamou escandalizado: "... *mais Joseph était là!*"* Joseph? Foram precisos alguns instantes para compreender que ele aludia a Stalin. Ele não, jamais desesperara; Stalin era sua segurança, a Fortaleza que se canta nos Salmos.

A demarcação entre cultos e incultos, naturalmente, não coincidia de modo algum com aquela entre crentes e não crentes: antes, cortava esta última em ângulo reto, constituindo quatro quadrantes bastante bem definidos: os cultos crentes, os cultos laicos, os incultos crentes, os incultos laicos; quatro pequenas ilhas recortadas e salientes, que se destacavam no mar cinzento, infindo, dos semivivos que talvez tivessem sido cultos ou crentes, mas que já não se propunham mais perguntas e a quem seria inútil e cruel propô-las.

O intelectual, observa Améry (e eu especificaria: o intelectual *jovem*, tal como ele e eu éramos no tempo da prisão e do confinamento), obtinha de suas leituras uma imagem da morte inodora, ataviada e literária.

---

* Mas José estava lá! (*N. do T.*)

Traduzo aqui "em italiano" suas observações do filósofo alemão, que deve citar o "Mais luz!" de Goethe, a *Morte em Veneza* e Tristão. Entre nós, na Itália, a morte é o segundo termo do binômio "amor e morte"; é a gentil transfiguração de Laura, Ermengarda e Clorinda; é o sacrifício do soldado na batalha ("Quem pela pátria morre, bastante viveu"); "Um bem morrer enobrece toda a vida". Este acervo infindo de fórmulas defensivas e esconjuratórias, em Auschwitz (aliás, mesmo hoje em qualquer hospital), tinha vida curta: a *Morte em Auschwitz* era trivial, burocrática e cotidiana. Não se comentava, não tinha o "conforto do pranto". Diante da morte, do hábito da morte, o limite entre cultura e incultura desaparecia. Améry afirma que não se pensava mais em *se* a morte viria, mas em *como* viria:

> Discutia-se sobre o tempo necessário para que o veneno das câmaras de gás fizesse efeito. Especulava-se sobre a dor da morte por injeção de fenol. Devia-se desejar um golpe na cabeça ou a morte por exaustão na enfermaria?

Neste ponto minha experiência e minhas recordações se separam das de Améry. Talvez porque mais jovem, talvez porque mais ignorante do que ele, ou menos marcado, ou menos consciente, quase não tive tempo para dedicar à morte; tinha coisas muito diferentes em que pensar, achar um pouco de pão, evitar o trabalho massacrante, remendar o calçado, surrupiar algum utensílio, interpretar os sinais e os rostos em torno de mim. Os objetivos de vida são a defesa ótima contra a morte: não só no *Lager*.

VII
ESTEREÓTIPOS

Aqueles que experimentaram o encarceramento (e, muito mais em geral, todos os indivíduos que atravessaram experiências severas) se dividem em duas categorias bem distintas, com poucas gradações intermediárias: os que calam e os que falam. Ambos obedecem a razões válidas: calam aqueles que experimentam mais profundamente um mal-estar que, para simplificar, chamei de "vergonha", aqueles que não se sentem em paz consigo mesmos ou cujas feridas ainda doem. Falam, e muitas vezes falam muito, os outros, obedecendo a impulsos diversos. Falam porque, em vários níveis de consciência, percebem no (ainda que já longínquo) encarceramento o centro de sua vida, o evento que no bem e no mal marcou toda a sua existência. Falam porque sabem ser testemunhas de um processo de dimensão planetária e secular. Falam porque (cito um provérbio ídiche) "é bom narrar as desgraças passadas"; Francesca diz a Dante não haver nenhuma dor maior do que lembrar na miséria o tempo feliz, mas é verdade também o inverso, como sabe qualquer sobrevivente: é bom sentar-se no aconchego, diante do alimento e do vinho, e recordar para si e os outros o cansaço, o frio e a fome: é assim que Ulisses, na corte do rei dos feácios, logo cede à urgência de narrar diante da mesa posta. Falam, quem sabe exagerando, como "soldados fanfarrões", descrevendo medo e coragem, astúcias, ofensas, derrotas e algumas vitórias: assim fazendo, diferenciam-se dos "outros", consolidam sua identidade com a inserção numa corporação e sentem aumentado seu prestígio.

Mas falam, aliás (posso usar a primeira pessoa do plural: não pertenço aos taciturnos) falamos, também porque somos convidados a fazê-lo.

Há alguns anos Norberto Bobbio escreveu que os campos nazistas de extermínio foram "não *um dos eventos*, mas *o* evento monstruoso, talvez irrepetível, da história humana". Os outros, os ouvintes, amigos, filhos, leitores ou mesmo estranhos, o intuem, para além da indignação e da comiseração; compreendem a unicidade de nossa experiência ou pelo menos se esforçam por compreendê-la. Por isto, estimulam-nos a narrar e nos formulam perguntas, às vezes colocando-nos em embaraço: nem sempre é fácil responder a certos porquês, não somos historiadores nem filósofos mas testemunhas, e de resto não está assentado que a história das coisas humanas obedeça a esquemas lógicos rigorosos. Não está assentado que cada mudança decorra de um só porquê: as simplificações são adequadas somente para os textos escolares, os porquês podem ser muitos, confundidos entre si, ou incognoscíveis, quando não até mesmo inexistentes. Nenhum historiador ou epistemólogo demonstrou ainda que a história seja um processo determinista.

Entre as perguntas que nos são postas existe uma que nunca está ausente; aliás, à medida que os anos passam, ela é formulada com uma insistência cada vez maior e com um tom de acusação cada vez menos oculto. Mais do que uma pergunta singular, é uma família de perguntas. Por que vocês não fugiram? Por que não se rebelaram? Por que não escaparam da captura "antes"? Justamente por nunca falharem e por crescerem com o tempo, essas perguntas merecem atenção.

O primeiro comentário a essas perguntas, bem como sua primeira interpretação, são otimistas. Há países nos quais a liberdade jamais foi conhecida, de vez que a necessidade que naturalmente o homem dela possui vem depois de outras necessidades bem mais urgentes: de resistir ao frio, à fome, às doenças, aos parasitas, às agressões animais e humanas. Porém, nos países em que as necessidades elementares estão satisfeitas, os jovens de hoje sentem a liberdade como um bem ao qual não se deve renunciar em caso algum: dela não se pode prescindir, é um direito natural e óbvio, e além do mais gratuito, como a saúde ou o ar que se respira. Os tempos e os lugares nos quais esse direito congênito é negado são percebidos como distantes, alheios, estranhos. Por isso, para eles a ideia do cárcere está concatenada à ideia da fuga ou da revolta. A condição do prisioneiro é sentida como indevida, anormal: como uma doença, em suma, que deve ser curada com a evasão ou com a rebelião. De resto, o conceito de evasão como dever moral tem raízes sólidas: segundo os códigos militares de muitos países, o prisioneiro de guerra deve escapar de qualquer modo para retomar seu posto de combatente, e, segundo a Convenção de Haia, a tentativa de fuga não deve ser punida. Na consciência comum, a evasão lava e extingue a vergonha do encarceramento.

Diga-se de passagem: na União Soviética de Stalin, a prática, quando não a lei, era diferente e muito mais drástica; para o prisioneiro de guerra soviético repatriado não havia remédio nem redenção, ele era considerado irreversivelmente culpado, ainda que tivesse conseguido fugir e reunir-se ao exército combatente. Deveria ter morrido em vez de render-se, e, além disto, tendo ficado (algumas vezes por poucas horas) nas mãos do inimigo, era automaticamente posto sob a suspeição de conluio com ele. Em seu incauto retorno à pátria, foram deportados para a Sibéria, ou assassinados, muitos militares que na frente tinham sido capturados pelos alemães, levados para os territórios ocupados, mas que fugiram e se uniram aos grupos guerrilheiros que operavam contra os alemães na Itália, na França ou na própria retaguarda russa. Também no Japão em guerra o soldado que se rendia era considerado com extremo desprezo: daí o tratamento duríssimo a que foram submetidos os militares aliados que caíram prisioneiros nas mãos dos japoneses. Não eram só inimigos, mas também inimigos covardes, degradados pelo fato de se terem rendido.

Mais ainda: o conceito de fuga como dever moral e como consequência obrigatória do cativeiro é constantemente reiterado pela literatura romântica (o Conde de Monte Cristo!) e popular (lembre-se o sucesso extraordinário das memórias de *Papillon*). No universo do cinema, o herói injustamente (ou às vezes justamente) encarcerado é sempre um personagem positivo, sempre tenta a fuga, até nas circunstâncias menos verossímeis, e a tentativa é invariavelmente coroada de sucesso.

Entre mil filmes sepultados pelo esquecimento, restam na memória *O fugitivo* e *Uragano*. O prisioneiro típico é visto como um homem íntegro, em plena posse de seu vigor físico e moral, que, com a força nascida do desespero e com o engenho estimulado pela necessidade, arremete contra as barreiras, saltando-as ou transgredindo-as.

Ora, essa imagem esquemática da prisão e da fuga assemelha-se muito pouco à situação dos campos de concentração. Compreendendo esse termo em seu sentido mais amplo (ou seja, incluindo também, além dos campos de extermínio de nome universalmente conhecido, os muitíssimos campos para prisioneiros e internados militares), existiam na Alemanha vários milhões de estrangeiros em condição de escravidão, extenuados, desprezados, subalimentados, malvestidos e malcuidados, privados do contato com suas pátrias. Não eram "prisioneiros típicos", não estavam inteiros, mas, antes, desmoralizados e enfraquecidos. Devem excetuar-se os prisioneiros de guerra aliados (os americanos e os pertencentes à *Commonwealth* britânica), que recebiam víveres e roupas através da Cruz Vermelha internacional, possuíam um bom treinamento militar, uma motivação forte e um sólido espírito de corporação, além de terem conservado uma hierarquia interna bastante firme, imune àquela "zona cinzenta" da qual falei em outro ponto; salvo poucas exceções, podiam confiar uns nos outros, e, além disso, sabiam que, se fossem recuperados, seriam tratados segundo as convenções internacionais. Entre eles, com efeito, muitas fugas foram tentadas, e algumas levadas a cabo com sucesso.

Para os outros, os párias do universo nazista (entre os quais devem incluir-se os ciganos e os prisioneiros soviéticos, militares e civis, que racialmente eram considerados pouco superiores aos judeus), as coisas tinham um aspecto diferente. Para eles, a evasão era difícil e extremamente perigosa: estavam enfraquecidos, além de desmoralizados, pela fome e pelos maus-tratos; eram considerados, e assim se percebiam, como menos valiosos do que animais de carga. Tinham cabelos raspados, roupas repugnantes logo reconhecíveis, calçados de madeira que impediam um passo rápido e silencioso. Se estrangeiros, não possuíam conhecimentos ou refúgios possíveis nos arredores; se alemães, sabiam ser atentamente vigiados e fichados pela onisciente polícia secreta; pouquíssimos compatriotas seus arriscariam a vida ou a liberdade para acobertá-los.

O caso particular (mas numericamente imponente) dos judeus era o mais trágico. Mesmo admitindo que conseguissem superar a barreira do arame farpado e a cerca eletrificada, evitar as patrulhas, a vigilância das sentinelas armadas de metralhadoras nas torres de guarda, os cães adestrados na caça ao homem, para onde poderiam dirigir-se? A quem pedir refúgio? Estavam fora do mundo, homens e mulheres de vento. Não mais tinham uma pátria (haviam sido privados da cidadania de origem) nem uma casa, desapropriada em favor dos cidadãos a título pleno. Salvo exceções, não mais tinham família, ou, se ainda viviam alguns parentes, não sabiam onde encontrá-los ou para onde lhes escrever sem pôr a polícia em seu encalço. A propaganda antissemita de Goebbels e de Streicher dera frutos: a maior parte dos alemães, especialmente os jovens, odiava os judeus, desprezava-os e considerava-os inimigos do povo; os outros, com pouquíssimas e heroicas exceções, se abstinham de qualquer ajuda por medo da Gestapo. Quem abrigava ou mesmo só ajudava um judeu corria o risco de punições terríveis: e a esse propósito é justo recordar que alguns milhares de judeus sobreviveram durante todo o período hitleriano, na Alemanha e na Polônia, escondidos em conventos, em adegas, em sótãos, por obra de cidadãos corajosos, misericordiosos e, sobretudo, bastante inteligentes para conservar durante anos a discrição mais estrita.

Além disso, em todos os *Lager* até a fuga de um só prisioneiro era considerada uma falta gravíssima de todo o pessoal da vigilância, a partir dos prisioneiros-funcionários até o comandante do campo, que corria o risco da destituição. Na lógica nazista, tratava-se de um evento intolerável: a fuga de um escravo, em particular se pertencesse às raças de "menor valor biológico", parecia carregada de valor simbólico, representaria uma vitória daquele que é derrotado por definição, um arranhão no mito; e também, mais realistamente, um dano objetivo, porque cada prisioneiro vira coisas que o mundo não deveria saber. Como consequência, quando um prisioneiro faltava à chamada (coisa não raríssima: muitas vezes se tratava de um simples erro de contagem ou de um prisioneiro exausto até o desfalecimento), desencadeava-se o apocalipse. O campo todo era posto em estado de alarme; além dos SS encarregados da vigilância, intervinham patrulhas da Gestapo; *Lager*, locais de trabalho, casas de colonos, habitações dos arredores eram revistados. Ao arbítrio do comandante do campo, tomavam-se providências de emergência. Os compatriotas, os amigos notórios e os vizinhos de leito do fugitivo eram interrogados sob tortura e depois assassinados; com efeito, uma fuga representava um empreendimento difícil, sendo inverossímil que o fugitivo não tivesse cúmplices ou que ninguém se desse conta dos preparativos. Seus companheiros de alojamento ou, às vezes, todos os prisioneiros do campo eram obrigados a ficar em pé, no local da chamada, sem limite de tempo, talvez durante dias, sob a neve, a chuva ou o sol de verão, até que o fugitivo fosse recapturado vivo ou morto. Se fosse recapturado vivo, era punido invariavelmente com a morte por enforcamento público, mas sua morte se fazia preceder de um cerimonial que variava caso a caso, sempre de ferocidade inaudita, no qual se desencadeava a crueldade fantasiosa dos SS.

Para ilustrar quão desesperado era o empreendimento de uma fuga, mas não só para isto, lembrarei aqui a ação de Mala Zimetbaum; de fato, gostaria que ficasse registrada na memória. A evasão de Mala do *Lager* feminino de Auschwitz-Birkenau foi narrada por muitas pessoas, mas os detalhes coincidem. Mala era uma jovem judia polonesa que fora capturada na Bélgica e que falava correntemente muitas línguas; por isso, em Birkenau servia como intérprete e como mensageira, desfrutando assim uma certa liberdade de deslocamento. Era generosa e corajosa; ajudara muitas companheiras e era amada por todas. No verão de 1944, decidiu fugir com Edek, um prisioneiro político polonês. Não queriam apenas reconquistar a liberdade: pretendiam documentar para o mundo o massacre cotidiano de Birkenau. Conseguiram corromper um SS e obter dois uniformes. Saíram disfarçados e chegaram até a fronteira eslovaca; então foram detidos pelos guardas alfandegários, que suspeitaram tratar-se de dois desertores e os entregaram à polícia. Foram imediatamente reconhecidos e devolvidos a Birkenau. Edek logo foi enforcado, mas não quis esperar que, segundo o rito cruel do lugar, se lesse a sentença: meteu a cabeça no nó da forca e se atirou do estrado.

Mala também tinha resolvido morrer sua própria morte. Enquanto esperava numa cela para ser interrogada, uma companheira pôde aproximar-se e lhe perguntou: "Como está, Mala?". Ela respondeu: "Tudo bem comigo." Tinha conseguido ocultar uma lâmina de navalha. Junto à forca, cortou um dos pulsos. O SS que fazia as vezes de carrasco tentou arrancar-lhe a lâmina, e Mala, diante de todas as mulheres do campo, golpeou-lhe a face com a mão ensanguentada. Logo acorreram outros soldados, ferozes: uma prisioneira, uma judia, uma mulher ousara desafiá-los! Pisotearam-na mortalmente; para sua sorte, ela expirou no veículo que a levava ao forno crematório.

Isso não era "violência inútil". Era útil: servia muito bem para cortar pela raiz toda veleidade de fuga; era normal que pensasse na fuga o prisioneiro novo, sem conhecimento dessas técnicas refinadas e experimentadas; era raríssimo que esse pensamento passasse pela cabeça dos mais velhos; com efeito, era comum que os preparativos de uma evasão fossem denunciados pelos componentes da "zona cinzenta" ou até apenas por terceiros, temerosos das represálias descritas.

Lembro-me com um sorriso do episódio que me aconteceu há vários anos numa turma de curso fundamental, em que fora convidado para comentar meus livros e responder às perguntas dos alunos. Um menino de ar vivo, aparentemente o líder da classe, me dirigiu a pergunta ritual: "Mas o senhor, por que não fugiu?". Eu lhe expus rapidamente tudo o que escrevi aqui; ele, pouco convencido, pediu-me que traçasse no quadro um esboço do campo, indicando a colocação das torres de guarda, dos portões, das cercas e da central elétrica. Fiz o que pude, sob trinta pares de olhos atentos. Meu interlocutor estudou o desenho por alguns instantes, pediu alguns novos detalhes e, em seguida, me expôs o plano que arquitetara: aqui, de noite, degolar a sentinela; depois, vestir seu uniforme; correr imediatamente à central e interromper a corrente elétrica, de modo que os holofotes se apagariam e se desativaria a rede de alta tensão; por fim, eu poderia ir embora tranquilo. Acrescentou seriamente: "Se lhe acontecer de novo, faça como eu disse: verá que consegue."

Em seus limites, me parece que o episódio ilustra bem a discrepância que existe, e que se amplia de ano para ano, entre as coisas como eram "lá embaixo" e as coisas como são representadas pela imaginação corrente, alimentada por livros, filmes e mitos aproximativos. Essa imaginação, fatalmente, desliza para a simplificação e o estereótipo; gostaria de levantar aqui uma barreira contra essa derivação. Mas, ao mesmo tempo, gostaria de recordar que não se trata de um fenômeno restrito à percepção do passado próximo nem das tragédias históricas: é muito mais geral, faz parte de uma dificuldade nossa ou incapacidade para perceber as experiências alheias, o que é tão mais pronunciado quanto mais essas experiências são distantes das nossas no tempo, no espaço ou na qualidade. Tendemos a assimilá-las àquelas mais "habituais", como se a fome de Auschwitz fosse a de quem perdeu uma refeição, ou como se a fuga de Treblinka fosse assimilável à fuga de um cárcere comum. É tarefa do historiador sanar a discrepância, que é tão mais ampla quanto mais tempo houver transcorrido desde os eventos estudados.

Com igual frequência e até com uma ênfase acusatória mais acentuada, é-nos perguntado: "Por que vocês não se rebelaram?". Esta pergunta não é essencialmente diferente da anterior; possui natureza análoga, fundando-se também num estereótipo. É oportuno dividir a resposta em duas partes.

Em primeiro lugar: não é verdade que não tenha havido revoltas em nenhum *Lager*. Várias vezes se descreveram, com abundância de detalhes, as revoltas de Treblinka, de Sobibór, de Birkenau; outras aconteceram em campos menores. Foram façanhas de extrema audácia, dignas do mais profundo respeito, mas nenhuma delas se concluiu com a vitória, se por vitória se entende a libertação do campo. Seria insensato visar a esse objetivo: a superioridade das tropas de guarda era de tal ordem que o fracasso ocorreria em poucos minutos, na medida em que os insurgentes estavam praticamente desarmados. O objetivo real era danificar ou destruir as instalações da morte e permitir a fuga do pequeno núcleo dos rebeldes, o que às vezes (por exemplo, em Treblinka, ainda que só parcialmente) se deu. Jamais se pensou numa fuga em massa: teria sido uma tentativa louca. Que sentido, que utilidade teria abrir as portas para milhares de indivíduos capazes apenas de se arrastarem e para outros que, em terra inimiga, não saberiam onde buscar refúgio?

De qualquer modo, houve insurreições; foram preparadas com inteligência e incrível coragem por minorias resolutas e fisicamente ainda intactas. Custaram um preço espantoso em termos de vidas humanas e de sofrimentos coletivos infligidos a título de represália, mas serviram e servem para demonstrar ser falso afirmar que os prisioneiros dos *Lager* alemães jamais tentaram revoltar-se. Na intenção dos rebeldes, deveriam conduzir a um outro resultado mais concreto: levar ao conhecimento do mundo livre o segredo terrível do massacre. Com efeito, os poucos que obtiveram êxito e que, após outras peripécias extenuantes, puderam ter acesso aos órgãos de informação, falaram: mas, como mencionei na introdução, quase nunca foram escutados ou tiveram crédito. As verdades incômodas têm um caminho difícil.

Em segundo lugar: como o nexo encarceramento-fuga, também o nexo opressão-rebelião é um estereótipo. Não quero dizer que não seja válido jamais: digo que não é válido sempre. A história das rebeliões, isto é, das revoltas de baixo para cima, da "maioria oprimida" contra a "minoria poderosa", é tão velha quanto a história da humanidade e igualmente variada e trágica. Houve algumas poucas rebeliões vitoriosas, muitas foram derrotadas, inúmeras outras sufocadas em seu berço, e tão precocemente que não deixaram vestígio nas crônicas. As variáveis em jogo são muitas: a força numérica, militar e ideológica dos rebeldes, bem como da autoridade desafiada, as respectivas coesões ou cisões internas, a ajuda externa a uns ou outros, a habilidade, o carisma ou a audácia dos líderes, a sorte. Mas, em todo caso, observa-se que à frente do movimento jamais figuram os indivíduos mais oprimidos: habitualmente, ao contrário, as revoluções são dirigidas por líderes audaciosos e atrevidos, que se lançam à luta por generosidade (ou talvez por ambição) mesmo tendo a possibilidade de viver pessoalmente uma vida segura e tranquila ou, inclusive, privilegiada. A imagem tantas vezes fixada nos monumentos, do escravo que rompe seus pesados grilhões, é retórica: seus grilhões são quebrados pelos companheiros cujas cadeias são mais leves e mais frouxas.

O fato não pode surpreender. Um líder deve ser eficiente: deve possuir força moral e física, e a opressão, se levada além de um certo nível muito baixo, deteriora uma e outra. Para suscitar a cólera e a indignação, que são os motores de todas as revoltas verdadeiras (as de baixo para cima, naturalmente: não, por certo, os *putsch* nem as "revoltas palacianas"), é preciso com certeza que a opressão exista, mas ela deve ser de proporção modesta, ou conduzida com pouca eficiência. A opressão nos *Lager* era de proporção extrema, além de ser conduzida com a conhecida, e em outros campos elogiável, eficiência alemã. O prisioneiro típico, aquele que constituía o cerne do campo, estava no limite da exaustão: faminto, enfraquecido, coberto de chagas (especialmente nos pés: era um homem "impedido", no sentido original do termo. Não é um detalhe secundário!) e, portanto, profundamente aviltado. Era um homem-trapo, e com os trapos, como já sabia Marx, as revoluções não se fazem no mundo real mas somente no da retórica literária ou cinematográfica. Todas as revoluções, tanto as que mudaram a história do mundo quanto as minúsculas, de que nos ocupamos aqui, foram guiadas por personagens que conheciam bem a opressão, mas não na própria pele. A revolta de Birkenau, que já mencionei, foi desencadeada pelo *Kommando* Especial encarregado dos fornos crematórios: tratava-se de homens desesperados e exasperados, mas bem nutridos, vestidos e calçados. A revolta do gueto de Varsóvia constituiu uma façanha digna da mais reverente admiração, como a primeira "resistência" europeia e a única conduzida sem a mínima esperança de vitória ou de salvação; mas foi obra de uma elite política que, justamente, se reservara alguns privilégios fundamentais com o objetivo de conservar a própria força.

Chego à terceira variante da pergunta: por que vocês não escaparam "antes"? Antes que as fronteiras se fechassem? Antes que a armadilha fosse acionada? Também aqui devo recordar que muitas pessoas ameaçadas pelo nazismo e pelo fascismo fugiram "antes". Eram exilados propriamente políticos ou mesmo intelectuais malvistos pelos dois regimes: milhares de nomes, muitos obscuros, alguns ilustres, como Togliatti, Nenni, Saragat, Salvemini, Fermi, Emilio Segré, Meitner, Arnaldo Momigliano, Thomas e Heinrich Mann, Arnold e Stefan Zweig, Brecht, e tantos outros; nem todos retornaram, e foi uma hemorragia que debilitou a Europa, talvez de modo irremediável. Sua emigração (para a Inglaterra, os Estados Unidos, a América do Sul, a União Soviética; mas também a Bélgica, a Holanda, a França, onde a maré nazista os alcançaria poucos anos depois: eles eram, e todos somos, cegos diante ao futuro) não foi uma fuga nem uma deserção, mas sim uma busca natural de aliados potenciais ou reais, em cidadelas a partir das quais se pudesse retomar sua luta ou sua atividade criativa.

No entanto, é também verdade que em sua maioria as famílias ameaçadas (em primeiro lugar, os judeus) ficaram na Itália e na Alemanha. Perguntar por que é mais uma vez o sinal de uma concepção estereotipada e anacrônica da história; mais simplesmente, de uma ignorância e de um esquecimento difuso, que tendem a aumentar com o distanciamento dos fatos no tempo. A Europa de 1930-40 não era a Europa de hoje. Emigrar é sempre doloroso; na época, era também mais difícil e custoso do que hoje. Para fazê-lo, era preciso não só muito dinheiro mas também uma "cabeça de ponte" no país de destinação: parentes ou amigos dispostos a dar garantias ou mesmo hospedagem. Muitos italianos, sobretudo camponeses, tinham emigrado nos decênios precedentes, mas foram impelidos pela miséria e pela fome, além de terem uma cabeça de ponte ou acreditarem tê-la; muitas vezes foram convidados e bem-acolhidos, porque localmente a mão de obra escasseava; seja como for, também para eles e para suas famílias deixar a pátria havia sido uma decisão traumática.

"Pátria": não será inútil determo-nos no termo. Coloca-se vistosamente fora da linguagem coloquial: nenhum italiano, senão por brincadeira, jamais dirá: "pego o trem e volto à pátria". É de criação recente e não tem sentido unívoco; não tem equivalentes exatos em línguas diferentes do italiano, não aparece, que eu saiba, em nenhum de nossos dialetos (e isto é um sinal de sua origem culta e de sua abstração intrínseca), nem teve sempre o mesmo significado na Itália. Com efeito, segundo as épocas, indicou instâncias geográficas de extensão diversa, desde a aldeia onde se nasce e (etimologicamente) onde viveram os pais, até, depois do *Risorgimento*, toda a nação. Em outros países, equivale mais ou menos ao lar ou ao lugar de nascimento; na França (e às vezes também entre nós), o termo assumiu uma conotação simultaneamente dramática, polêmica e retórica: a *Patrie* ressurge quando está ameaçada ou é alvo de ingratidão.

Para quem se muda, o conceito de pátria se torna doloroso e, ao mesmo tempo, tende a esvanecer; já Pascoli, afastando-se (e não por muito tempo) de sua Romagna, "doce terra", suspirava: "eu, minha pátria agora é onde vivo". Para Lúcia Mondella, a pátria se identificava visualmente com os "cimos desiguais" de suas montanhas que surgem das águas do lago de Como. Ao contrário, em países e em tempos de intensa mobilidade, como são hoje os Estados Unidos e a União Soviética, não se fala de pátria senão em termos político-burocráticos: qual é o lar, qual a "terra dos pais" daqueles cidadãos em eterno deslocamento? Muitos deles não o sabem nem se preocupam com isto.

Mas a Europa dos anos 1930 era bem diferente. Já industrializada, revelava-se ainda profundamente camponesa, ou estavelmente urbanizada. O "exterior", para a enorme maioria da população, constituía um cenário distante e vago, sobretudo para a classe média, menos assediada pelas necessidades. Diante da ameaça hitleriana, a maior parte dos judeus nativos, na Itália, na França, na Polônia, na própria Alemanha, preferiu continuar naquela que sentiam como sua "pátria", com motivações amplamente comuns, ainda que com nuanças diferentes de lugar para lugar.

A todos foi comum a dificuldade organizativa da emigração. Eram tempos de graves tensões internacionais: as fronteiras europeias, hoje quase inexistentes, estavam praticamente fechadas, a Inglaterra e as Américas admitiam cotas de imigração extremamente reduzidas. No entanto, acima dessas dificuldades erguia-se uma outra de natureza interna, psicológica. Esta aldeia, ou cidade, ou região, ou nação, é minha, aqui nasci, aqui repousam meus antepassados. Falo sua língua, adotei seus costumes, a cultura; talvez tenha contribuído para esta cultura. Paguei impostos, observei suas leis. Combati suas batalhas, sem preocupar-me se fossem justas ou injustas: arrisquei minha vida por suas fronteiras, alguns de meus amigos ou parentes jazem nos cemitérios de guerra, eu mesmo, em deferência à retórica corrente, me declarei disposto a morrer pela pátria. Não posso nem quero deixá-la: se morrer, morrerei "na pátria", será meu modo de morrer "pela pátria".

É óbvio que essa moral, mais sedentária e doméstica do que ativamente patriótica, não resistiria se o judaísmo europeu tivesse podido antever o futuro. Não que faltassem os sinais premonitórios da carnificina: desde seus primeiros livros e discursos, Hitler havia deixado claro, os judeus (não só os judeus alemães) eram os parasitas da humanidade e deviam ser eliminados como se eliminam os insetos nocivos. Mas as deduções inquietantes têm vida difícil: até o ponto extremo, até as incursões dos sequazes nazistas (e fascistas) de casa em casa, encontrou-se modo de desconhecer os sinais, de ignorar o perigo, de fabricar aquelas verdades de conveniência de que falei nas primeiras páginas deste livro.

Isso aconteceu na Alemanha em medida maior do que na Itália. Os judeus alemães eram quase todos burgueses e eram alemães: como seus quase compatriotas "arianos", amavam a lei e a ordem, e não só não previam como também eram organicamente incapazes de conceber um terrorismo de Estado, mesmo quando já o tinham ao redor. Há um famoso e densíssimo verso de Christian Morgenstern, bizarro poeta

Os afogados e os sobreviventes | 133

bávaro (não judeu, apesar do sobrenome), que aqui vem a calhar, embora tenha sido escrito em 1910, na Alemanha limpa, proba e amante das leis, descrita por J. K. Jerome em. *Três homens ao léu*. Um verso de tal modo alemão e de tal modo rico de significado que virou provérbio, não podendo ser traduzido em italiano senão através de uma perífrase desajeitada:

Nicht sein kann, was nicht sein darf.

É o fecho de uma curta poesia emblemática. Palmström, um cidadão alemão extremamente submisso, é atropelado por um automóvel numa rua em que a circulação é proibida. Levanta-se machucado e rememora: se a circulação é proibida, os veículos não podem circular, isto é, não circulam. *Ergo*, o atropelamento não pode ter acontecido: é uma "realidade impossível", uma *Unmögliche Tatsache* (este é o título da poesia). Ele deve ter somente sonhado com o atropelamento, porque, precisamente, "não podem existir as coisas cuja existência não é moralmente lícita".

É preciso estar em guarda contra os juízos *a posteriori* e os estereótipos. De modo mais amplo, é preciso evitar o erro que consiste em julgar épocas e lugares distantes com o metro que prevalece aqui e agora: erro tão mais difícil de evitar quanto maior for a distância no espaço e no tempo. É esse o motivo pelo qual para nós, não especialistas, é tão árdua a compreensão dos textos bíblicos e homéricos, ou mesmo dos clássicos gregos e latinos. Muitos europeus de então, e não só europeus, e não só de então, se comportaram e se comportam como Palmström, negando a existência das coisas que não deveriam existir. Segundo o senso comum, que Manzoni sagazmente distinguia do "bom senso", o homem ameaçado antecipa-se, resiste ou foge; mas muitas ameaças de então, que hoje nos parecem evidentes, naquela época eram veladas pela incredulidade intencional, pelo recalque, pelas verdades consolatórias generosamente trocadas e autoenganosas.

Aqui surge a pergunta obrigatória: uma contrapergunta. Em que nível de segurança vivemos nós, homens do fim do século e do milênio?

E, mais em particular, nós, europeus? Disseram-nos, e não há motivo para duvidar, que para cada ser humano do planeta está reservada uma quantidade de explosivo nuclear igual a três ou quatro toneladas de trinitrotolueno; se fosse usado mesmo só um por cento disso, imediatamente haveria dezenas de milhões de mortos, bem como lesões genéticas espantosas para toda a espécie humana, ou melhor, para toda a vida sobre a terra, talvez com exceção dos insetos. Além disso, é pelo menos provável que uma terceira guerra generalizada, mesmo convencional, mesmo parcial, se travaria em nosso território, entre o Atlântico e os Urais, entre o Mediterrâneo e o Ártico. A ameaça é diferente daquela dos anos de 1930: menos próxima, porém mais vasta; ligada, segundo alguns, a um demonismo da História, novo, ainda indecifrável, mas desligada (até agora) do demonismo humano. Está voltada contra todos e, portanto, é particularmente "inútil".

E então? Os medos de hoje serão menos ou mais fundados do que os daquela época? Diante do futuro somos não menos cegos do que nossos pais. Suíços e suecos têm os refúgios antinucleares, mas o que encontrarão quando saírem a céu aberto? Há a Polinésia, a Nova Zelândia, a Terra do Fogo, a Antártida: talvez fiquem ilesas. Obter passaporte e vistos de entrada é muito mais fácil do que no passado: por que não partimos, por que não abandonamos nosso país, por que não fugimos "antes"?

VIII
Cartas de alemães

É isto um homem? é um livro de dimensões modestas, mas, como um animal nômade, há já quarenta anos deixa um rastro longo e intrincado. Fora publicado pela primeira vez em 1947, numa tiragem de 2.500 exemplares, bem acolhidos pela crítica, mas vendidos apenas parcialmente: os 600 exemplares que restaram, armazenados num depósito em Florença, perderam-se na enchente do outono de 1966. Após dez anos de "morte aparente", voltou à vida através do editor Einaudi, em 1957. Muitas vezes me propus uma pergunta fútil: o que teria acontecido se o livro tivesse tido imediatamente uma boa difusão? Talvez nada especial: é provável que continuasse minha difícil vida de químico que se tornava escritor nos domingos (mas nem mesmo todos os domingos); ou talvez, ao contrário, me deixasse seduzir e desfraldasse, não sei com qual resultado, a bandeira de escritor em grandeza natural. A questão, como dizia, é ociosa: o ofício de reconstruir o passado hipotético, aquilo-que-aconteceria-se, é tão desacreditado quanto o de prever o futuro.

Malgrado este começo em falso, o livro teve seu trajeto. Foi traduzido em oito ou nove línguas, adaptado para o rádio e para o teatro na Itália e no exterior, comentado em inúmeras escolas. Em seu itinerário, uma etapa teve para mim uma importância fundamental: a de sua tradução para a língua alemã e a publicação na Alemanha Federal. Quando, em 1959, soube que uma editora alemã (a Fischer Bücherei) tinha adquirido os direitos de tradução, me senti tomado por uma emoção violenta e nova, a de ter vencido uma batalha. Ora, eu escrevera aquelas páginas sem pensar num destinatário específico; para mim, tratava-se de coisas que carregava, que me invadiam e que tinha de pôr para fora: dizê-las, ou melhor, gritá-las à luz do dia; mas quem grita à luz do dia se dirige a todos e a ninguém, clama no deserto. Com a novidade daquele contrato, tudo mudara e se me tornara claro: o livro, por certo o havia escrito em italiano, para os italianos, para os filhos, para quem não sabia, para quem não queria saber, para quem ainda não era nascido, para quem, de bom grado ou não, fora conivente com a ofensa; mas seus destinatários verdadeiros, aqueles contra os quais o livro se voltava como uma arma, eram eles, os alemães. Agora a arma estava pronta para disparar.

Lembremos, desde Auschwitz só haviam passado quinze anos: os alemães que me leriam eram "aqueles", não seus descendentes. De opressores ou espectadores indiferentes eles se tornariam leitores: eu os forçaria a ficar diante de um espelho. Chegara a hora de acertar as contas, de pôr as cartas na mesa. Sobretudo, a hora do diálogo. A vingança não me interessava: intimamente me satisfizera a sagrada (simbólica, incompleta, tendenciosa) representação de Nuremberg, mas para mim estava bem assim, que os outros, os profissionais, cuidassem dos justificadíssimos enforcamentos. A mim competia compreender, compreendê-los. Não o punhado dos grandes culpados, mas eles, o povo, aqueles que eu vira de perto, aqueles entre os quais foram recrutados os soldados SS, e também os outros, os que haviam acreditado, os que, não acreditando, haviam calado, não haviam tido a coragem sutil de nos olhar nos olhos, de nos dar um pedaço de pão, de murmurar uma palavra humana.

Recordo muito bem aquele tempo e aquele clima, e acredito poder julgar os alemães de então sem preconceitos e sem cólera. Quase todos, mas não todos, tinham sido surdos, cegos e mudos: uma massa de "inválidos" em torno de um núcleo de perversos. Quase todos, mas não todos, tinham sido covardes. Justamente aqui, e com alívio, para mostrar quão longe de mim estão os juízos globais, gostaria de narrar um episódio: foi excepcional, mas também aconteceu.

Em novembro de 1944, estávamos no trabalho, em Auschwitz; eu, com dois companheiros, estava no laboratório químico que descrevi no lugar oportuno. Soou o alarme aéreo, e logo depois foram vistos os aviões de bombardeio: eram centenas, afigurava-se uma incursão monstruosa. Havia nas áreas de trabalho alguns grandes *bunker*, mas eram para os alemães, para nós estavam proibidos. Deviam bastar-nos os terrenos abandonados, então já cobertos de neve, no interior das cercas. Todos, prisioneiros e civis, nos precipitamos pelas escadas rumo às respectivas destinações, mas o chefe do laboratório, um técnico alemão, deteve-nos, os *Häftlinge-químicos*: "Vocês três, venham comigo." Surpresos, seguimo-lo apressados para o *bunker*, mas na entrada estava um guarda armado, com a suástica no braço. O guarda lhe disse: "Você entra; os outros, deem o fora!". O chefe respondeu: "Estão comigo: ou todos ou nenhum", tentando forçar passagem; seguiu-se uma troca de murros. Por certo, o robusto guarda levaria a melhor, mas para sorte de todos o sinal de alarme cessou: a incursão não era contra nós, os aviões tinham seguido para o norte. Se (um outro *se*! Mas como resistir ao fascínio dos caminhos que se bifurcam?), se os alemães anômalos, capazes dessa modesta coragem, fossem mais numerosos, a história de então e a geografia de hoje seriam diferentes.

Eu não confiava no editor alemão. Escrevi-lhe uma carta quase insolente: intimava-o a não cortar ou trocar uma só palavra do texto, e exigia mandar--me o original da tradução por partes, capítulo por capítulo, à medida que o trabalho prosseguisse; queria controlar sua fidelidade, não só lexical mas interna. Junto com o primeiro capítulo, muito bem traduzido, me veio uma comunicação do tradutor, em italiano perfeito. O editor lhe mostrara minha carta: eu não tinha nada a temer, nem do editor nem dele, tradutor. Apresentava-se: tinha a mesma idade que eu, estudara vários anos na Itália, além de tradutor era um italianista, estudioso de Goldoni. Também ele era um alemão anômalo. Fora convocado mas o nazismo o repugnava; em 1941, simulara uma doença, fora internado num hospital e conseguira passar o período de suposta convalescença estudando literatura italiana na Universidade de Pádua. Em seguida, deveria reincorporar-se ao exército mas permaneceu em Pádua, onde entrou em contato com os grupos anti-fascistas de Concetto Marchesi, de Meneghetti e de Pighin.

Em setembro de 1943 ocorreu o armistício italiano, e os alemães, em dois dias, ocuparam militarmente o Norte da Itália. Meu tradutor se juntou "naturalmente" aos guerrilheiros paduanos das formações *Giustizia* e

Libertà, que combatiam nos montes Euganei contra os fascistas de Salò e contra seus compatriotas. Não tivera dúvidas, sentia-se mais italiano do que alemão, guerrilheiro e não nazista, mas sabia dos riscos que corria: lutas, perigos, suspeitas, mal-estar; se capturado pelos alemães (e, com efeito, fora informado de que os SS estavam em seu encalço), uma morte atroz; além disso, em seu país, a qualificação de desertor e também, talvez, de traidor.

Com o fim da guerra, estabeleceu-se em Berlim, que naquele tempo não estava cortada pelo muro mas submetia-se a um complicadíssimo regime de condomínio dos "Quatro Grandes" de então (Estados Unidos, União Soviética, Grã-Bretanha e França). Após sua aventura guerrilheira na Itália, era um perfeito bilíngue: falava o italiano sem sinal de sotaque estrangeiro. Fez traduções: Goldoni em primeiro lugar, porque o amava e porque conhecia bem os dialetos vênetos; pelo mesmo motivo, o Ruzante de Agnolo Beolco, até então desconhecido na Alemanha; mas também autores italianos modernos, Collodi, Gadda, D'Arrigo, Pirandello. Não era um trabalho bem pago, ou melhor, ele era excessivamente escrupuloso e, portanto, excessivamente lento, de sorte que sua jornada de trabalho não era adequadamente remunerada; no entanto, jamais se dispôs a buscar emprego numa editora. Por dois motivos: amava a independência e, além disso, sutilmente, por vias oblíquas, suas escolhas políticas pesavam sobre ele. Ninguém jamais lhe disse abertamente, mas um desertor, mesmo na Alemanha superdemocrática de Bonn, mesmo na Berlim quadripartida, era *persona non grata*.

Traduzir *É isto um homem?* o entusiasmava: o livro lhe era afim, confirmava, reforçava por contraste seu amor pela liberdade e pela justiça; traduzi-lo era um modo de continuar sua luta temerária e solitária contra seu país desencaminhado. Naquela época estávamos ambos tão ocupados que não podíamos viajar, e nasceu entre nós uma troca de cartas frenética. Ambos éramos perfeccionistas: ele, por hábito profissional; eu porque, por mais que tivesse encontrado um aliado, e um aliado valoroso, temia que meu texto empalidecesse, perdesse suas conotações. Era a primeira vez que vivia a aventura sempre excitante, jamais gratuita, de ser traduzido, de ver o próprio pensamento manipulado, refrangido, a própria palavra passada no crivo, transformada, ou mal-entendida, ou ainda enriquecida por algum inesperado recurso da nova língua.

Desde as primeiras amostras pude constatar que na realidade minhas suspeitas "políticas" não tinham fundamento: meu *partner* era tão inimigo dos nazistas quanto eu, sua indignação não era menor do que a minha. Mas persistiam as suspeitas linguísticas. Como aludi no capítulo dedicado à comunicação, o alemão do qual meu texto precisava, sobretudo nos diálogos e nas citações, era muito mais rude que o dele. O tradutor, homem de letras e de educação refinada, conhecia decerto o alemão das casernas (prestara alguns meses de serviço militar), mas ignorava necessariamente o jargão degradado, muitas vezes satanicamente irônico, dos campos de concentração. Cada carta nossa continha uma lista de propostas e contrapropostas, e às vezes sobre um só termo se acendia uma discussão encarniçada, como, por exemplo, a que descrevi aqui na página 86. O esquema era geral: eu lhe indicava uma tese, sugerida pela memória acústica que mencionei no lugar devido; ele me opunha a antítese, "isso não é bom alemão, os leitores de hoje não o compreenderiam"; eu objetava que "lá embaixo se dizia exatamente assim"; chegava-se enfim à síntese, ou seja, ao compromisso. Depois a experiência me ensinaria que tradução e compromisso são sinônimos, mas naquele tempo eu era impelido por um escrúpulo de super-realismo; queria que naquele livro, especialmente em sua versão alemã, não se perdesse nada da dureza, da violência imprimida na linguagem, que, de resto, me esforçara ao máximo para reproduzir no original italiano. De um certo modo, não se tratava de uma tradução, mas, antes, de uma restauração: esta versão era, ou eu queria que fosse, uma *restitutio in pristinum*, uma retroversão para a língua na qual as coisas tinham ocorrido e à qual se referiam. Devia ser, mais do que um livro, um registro de gravador.

O tradutor compreendeu tudo rapidamente, daí surgindo uma tradução excelente sob qualquer aspecto: quanto à sua fidelidade eu próprio podia julgar, e seu nível estilístico foi depois elogiado por todos os resenhadores. Sobreveio a questão do prefácio: o editor Fischer me pediu que escrevesse um; hesitei, e acabei recusando. Experimentava um embaraço confuso, uma repugnância, um bloqueio emotivo que cortava o fluxo das ideias e da escrita. Pediam-me, em suma, que acrescentasse ao livro, ou seja, ao testemunho, um apelo direto ao povo alemão, ou seja, uma peroração, um sermão. Deveria dar mais ênfase, subir à tribuna; de testemunha tornar-me juiz, pregador; expor teorias e interpretações da história; separar os justos dos pecadores; da terceira pessoa passar à segunda. Tudo isso constituía uma série de tarefas que me ultrapassavam, tarefas que de bom grado devolveria a outros, talvez aos leitores mesmos, alemães ou não.

Escrevi ao editor que não me sentia em condições de redigir um prefácio que não desnaturasse o livro, e lhe propus uma solução indireta: antepor ao texto, à guisa de introdução, um trecho da carta que em maio de 1960, ao fim de nossa laboriosa colaboração, escrevera ao tradutor para agradecer seu trabalho. Reproduzo-o aqui:

> ... E assim terminamos: estou contente por isto, satisfeito com o resultado, agradecido ao senhor, e ao mesmo tempo um pouco triste. Como compreenderá, é o único livro que escrevi, e agora que acabamos de vertê-lo para o alemão sinto-me como um pai cujo filho chegou à maioridade e vai embora, e dele não se pode mais ocupar.
>
> Mas não é só isso. O senhor talvez terá percebido que para mim o *Lager*, e o fato de ter escrito sobre o *Lager*, foi uma importante aventura que me modificou profundamente, me deu maturidade e uma razão de vida. Talvez seja presunção: mas hoje eu, o prisioneiro número 174517, por seu intermédio, posso falar aos alemães, recordar-lhes o que fizeram e dizer-lhes: "Estou vivo, e gostaria de compreendê-los para julgá-los."
>
> Não creio que a vida do homem tenha necessariamente um objetivo definido; mas, se penso em minha vida e nos objetivos que até aqui me propus, um só deles eu reconheço bem preciso e consciente, e é justamente este, prestar testemunho, fazer o povo alemão ouvir minha voz, "responder" ao *Kapo* que limpou sua mão em meu ombro, ao doutor Pannwitz, aos que enforcaram o Último [trata-se de personagens de *É isto um homem?*] e a seus herdeiros.
>
> Estou certo de que o senhor não me entendeu mal. Jamais nutri ódio em relação ao povo alemão, e, se tivesse nutrido, teria me recuperado

disto agora, depois de tê-lo conhecido. Não entendo, não suporto que se julgue um homem não por aquilo que é, mas pelo grupo ao qual lhe acontece pertencer (...).

Mas não posso dizer que compreendo os alemães: ora, algo que não se pode compreender constitui um vazio doloroso, um aguilhão, um estímulo permanente que exige ser satisfeito. Espero que este livro obtenha alguma repercussão na Alemanha: não só por ambição, mas também porque a natureza desta repercussão talvez me permita compreender melhor os alemães, responder àquele estímulo.

O editor aceitou minha proposta, à qual o tradutor tinha aderido com entusiasmo; por isto, esse trecho figura na introdução de todas as edições alemãs de *É isto um homem?*: ou melhor, é lido como parte integrante do texto. Disto me dei conta justamente a partir da "natureza" da repercussão mencionada nas últimas linhas.

Ela se materializa em cerca de quarenta cartas que me foram escritas por leitores alemães entre os anos 1961 e 1964: vale dizer, concomitantemente com a crise que conduziu à construção do Muro que ainda corta Berlim ao meio e que constitui um dos pontos mais fortes de atrito no mundo de hoje: o único, junto com o Estreito de Behring, no qual americanos e russos se defrontam diretamente. Todas essas cartas refletem uma leitura atenta do livro, e todas respondem, ou tentam responder, ou negam existir uma resposta, à pergunta implícita no último período de minha carta, ou seja, *se é possível compreender os alemães*. Outras cartas me chegaram pouco a pouco nos anos seguintes, de acordo com as reedições do livro, mas quanto mais recentes tanto mais anódinas: quem escreve já são os filhos e os netos, o trauma já não é mais deles, não é vivido em primeira pessoa. Expressam uma vaga solidariedade, ignorância e distanciamento. Para eles, aquele passado é verdadeiramente um passado, um ouvir dizer. Não são especificamente alemães: salvo exceções, suas palavras se poderiam confundir com as que continuo a receber de seus coetâneos italianos; por isto, não as levarei em conta nesta resenha.

As primeiras cartas, as que contam, são quase todas de jovens (que se declaram tais, ou que se presume serem a partir do texto), com exceção de uma, que me foi mandada em 1962 pelo Doutor T. H., de Hamburgo, e que menciono em primeiro lugar porque tenho pressa de me desembaraçar dela. Traduzo seus trechos relevantes, respeitando-lhe a estultice:

Ilustre Dr. Levi,

Seu livro é o primeiro, entre as narrativas dos sobreviventes de Auschwitz, que chegou ao nosso conhecimento. Comoveu profundamente a mim e a minha mulher. Ora, uma vez que o senhor, depois de todos os horrores que viveu, se dirige mais uma vez ao povo alemão para "compreender", "para suscitar repercussões", eu ouso tentar uma resposta. Mas será tão somente um eco; "compreender" coisas desse tipo ninguém pode! (...)

Tudo deve temer-se de um homem que não está com Deus: ele não tem freios, não tem peias! E lhe assenta então o outro juízo de *Gênesis*, 8.21: "Porque os sentidos e os pensamentos do coração do homem são inclinados para o mal desde a sua mocidade", juízo modernamente explicado e demonstrado pelas descobertas tremendas da psicanálise de Freud no campo do inconsciente, que o senhor certamente conhece. Em qualquer época sucedeu "que o Diabo se manifestasse", sem reserva, sem sentido: perseguições de judeus e de cristãos, extermínio de povos inteiros na América do Sul, dos índios da América do Norte, dos godos na Itália sob Narsés, perseguições e massacres horrendos no curso das revoluções francesa e russa. Quem poderá "entender" tudo isto?

Mas o senhor espera decerto uma resposta específica à pergunta sobre por que Hitler chegou ao poder e por que nós, em seguida, não derrubamos seu jugo. Ora, em 1933 (...), todos os partidos moderados desapareceram, e só restou a escolha entre Hitler e Stalin, nacional-socialistas e comunistas, de forças aproximadamente equivalentes. Os comunistas, nós os conhecíamos em razão das diferentes grandes revoltas ocorridas após a Primeira Guerra. Hitler nos parecia suspeito, é verdade, mas surgia decididamente como o mal menor. No início não nos demos conta de que todas as suas belas palavras fossem mentira e traição. Na política exterior, conseguia um sucesso após o outro; todos os Estados com ele mantinham relações diplomáticas, o Papa em primeiro lugar celebrou uma concordata. Quem podia suspeitar que estávamos montados (*sic*) num criminoso e num traidor? Seja como for, culpa nenhuma se pode atribuir aos traídos: só o traidor é culpado.

E agora a questão mais difícil, o insensato ódio de Hitler contra os judeus. Ora, esse ódio jamais foi popular. A Alemanha contava-se acertadamente como o país mais amistoso em relação aos judeus no mundo todo. Nunca, pelo que sei e li, durante todo o período hitleriano até o seu fim, nunca se soube de um só caso de ultraje ou agressão espontânea contra um judeu. Sempre apenas (perigosíssimas) tentativas de ajuda.

Passo agora à segunda questão. Rebelar-se num Estado totalitário não é possível. Todo o mundo, quando se deu a ocasião, não pôde prestar ajuda aos húngaros. (...) Muito menos pudemos nós resistir, sozinhos. Não se deve esquecer que, além de todas as lutas de resistência, só no dia 20 de julho de 1944 milhares e milhares de oficiais foram executados. Já não se tratava de "um pequeno bando", como depois disse Hitler.

Caro Dr. Levi (assim me permito chamá-lo, porque quem leu seu livro só pode ter-lhe apreço), não tenho escusas, não tenho explicações. A culpa recai pesadamente em meu pobre povo traído e desencaminhado. Regozije-se com a vida que lhe foi restituída, com a paz e com sua bela Pátria, que eu também conheço. Também em minha estante estão Dante e Boccaccio.

Respeitosamente, T. H.

A essa carta, provavelmente sem que o marido soubesse, Frau H. acrescentou as lacônicas linhas seguintes, que traduzo igualmente de modo literal:

Quando um povo reconhece demasiadamente tarde ter-se tornado um prisioneiro do diabo, daí se seguem algumas alterações psíquicas.

1) É estimulado o que de mau existe nos homens. Do que resultam os Pannwitz e os *Kapos* que limpam a mão no ombro de prisioneiros inermes.

2) Disso também resulta, ao contrário, a resistência ativa contra a injustiça, que o levou e à sua família (*sic*) ao martírio, mas sem sucesso visível.

3) Resta a grande massa daqueles que, para salvar a própria vida, calam ou abandonam o irmão em perigo.

Isto, nós o reconhecemos como culpa nossa diante de Deus e dos homens.

Muitas vezes voltei a pensar nesse estranho casal. O marido me parece um exemplar típico da grande massa da burguesia alemã: um nazista não fanático, mas oportunista, que se arrepende quando é oportuno arrepender-se, bastante estúpido para acreditar que me faz acreditar em sua versão simplificada da história recente, bem como para ousar recorrer à represália retroativa de Narsés e dos godos. A mulher, um pouco menos hipócrita do que o marido, mas mais carola.

Respondi com uma longa carta, talvez a única raivosa que jamais escrevi. Respondi que nenhuma Igreja tem indulgência em relação a quem segue o Diabo, nem admite como justificação atribuir ao Diabo as próprias culpas. Que se deve responder em primeira pessoa pelos crimes e pelos erros, senão, todo vestígio de civilização desapareceria da face da terra, como, de fato, havia desaparecido do Terceiro Reich. Que seus dados eleitorais só enganavam as crianças: nas eleições políticas de novembro de 1932, as últimas realizadas livremente, os nazistas por certo obtiveram 196 cadeiras no *Reichstag*, mas junto com os comunistas, com 100 cadeiras, os sociais-democratas, que naturalmente não eram extremistas e que, ao contrário, Stalin detestava, obtiveram 121. Que, sobretudo, em *minha* estante, ao lado de Dante e de Boccaccio, tenho o *Mein Kampf*, a *Minha luta* escrita por Adolf Hitler muitos anos antes de chegar ao poder. Aquele homem funesto não era um traidor. Era um fanático coerente, com ideias extremamente claras: nunca as trocou nem as ocultou. Quem votara nele certamente votara em suas ideias. Nada falta, naquele livro: o sangue e o solo, o espaço vital, o judeu como o eterno inimigo, os alemães que personificam "a mais alta humanidade na terra", os outros países considerados abertamente instrumentos para o domínio alemão. Não são "belas palavras"; talvez Hitler também tenha dito outras, mas aquelas não as desmentiu jamais.

Quanto aos resistentes alemães, honra a eles, mas efetivamente os conjurados de 20 de julho de 1944 se puseram em ação demasiadamente tarde. Por fim, escrevi:

> Sua afirmação mais audaciosa é a que se refere à impopularidade do antissemitismo na Alemanha. Era o fundamento do verbo nazista desde o começo: tinha natureza mística, os judeus não podiam ser "o povo eleito de Deus", uma vez que o eram os alemães. Não há página ou discurso de Hitler em que o ódio contra os judeus não seja reiterado até a obsessão. Não era marginal ao nazismo: era seu centro ideológico. E depois: como podia o povo "mais amistoso em relação aos judeus" votar no partido e glorificar o homem que definia os judeus os inimigos primeiros da Alemanha, e cujo objetivo político principal era "estrangular a hidra judia"?
>
> Quanto aos ultrajes e às agressões espontâneas, sua própria frase é ultrajosa. Diante dos milhões de mortos, parece-me ocioso e odioso discutir se se tratou ou não de perseguições espontâneas: de resto, os alemães têm pouca inclinação para a espontaneidade. Mas posso recordar-lhe que nada obrigava os industriais alemães a empregar escravos famintos senão o lucro; que ninguém obrigou a empresa Topf (hoje florescente em Wiesbaden) a construir os enormes fornos crematórios múltiplos dos *Lager*, que talvez se ordenasse aos SS que matassem os judeus, mas a incorporação a essa tropa era voluntária; que eu próprio encontrei em Katowice, após a libertação, pacotes e mais pacotes de formulários em que se autorizavam os chefes de família alemães a retirar gratuitamente roupas e sapatos para adultos *e para crianças* dos depósitos de Auschwitz; ninguém se perguntava de onde vinham tantos sapatos de criança? Nem jamais ouviu falar de uma certa Noite de Cristais? Ou pensa que cada delito cometido naquela noite tenha sido imposto por força de lei?
>
> Sei que houve tentativas de ajuda e sei que eram arriscadas; do mesmo modo, tendo vivido na Itália, sei que "rebelar-se num Estado totalitário não é possível"; mas sei que existem mil maneiras, muito menos arriscadas, de manifestar a própria solidariedade com o oprimido, que elas foram frequentes na Itália, mesmo depois da ocupação alemã, e que na Alemanha de Hitler aconteceram muitíssimo raramente.

As outras cartas são muito diferentes: delineiam um mundo melhor. Devo porém lembrar que, mesmo com a melhor vontade de perdoar, não se podem considerar como "uma amostragem representativa" do povo alemão da outra época. Em primeiro lugar, esse meu livro foi publicado em algumas dezenas de milhares de exemplares, e lido talvez por um entre mil cidadãos da República Federal: poucos o terão comprado por acaso, os outros porque de algum modo estavam predispostos ao encontro dos fatos, sensibilizados, permeáveis. Entre esses leitores, somente uns quarenta, como mencionei, decidiram escrever-me.

Em quarenta anos de prática, já estou familiarizado com esse personagem singular, o leitor que escreve ao autor. Pode pertencer a duas constelações bem distintas, uma agradável, a outra molesta: os casos intermediários são raros. Os primeiros dão alegria e ensinam. Leram o livro com atenção, com frequência mais de uma vez; amaram-no e o compreenderam, às vezes melhor do que o próprio autor; declaram-se enriquecidos com o livro; expõem com nitidez seu juízo, às vezes suas críticas; agradecem ao escritor a obra; não raro, dispensam-no explicitamente de uma resposta. Os segundos dão aborrecimento e fazem perder tempo. Exibem-se; ostentam méritos; com frequência, têm originais guardados na gaveta e deixam transparecer o intento de se apoiarem no livro e no autor como a hera nos muros; ou ainda são crianças ou adolescentes que escrevem por bravata, por aposta, para conquistar um autógrafo. Meus quarenta correspondentes alemães, aos quais dedico com reconhecimento estas páginas, pertencem todos (salvo o senhor T. H. já citado, que é um caso à parte) à primeira constelação.

L. I. é bibliotecária na Vestfália; confessa ter tido a tentação violenta de fechar o livro no meio da leitura, "para fugir das imagens que nele são evocadas", mas ter logo se envergonhado em razão desse impulso egoísta e covarde. Escreve:

> No prefácio, o senhor expressa o desejo de nos compreender, nós alemães. Deve acreditar quando lhe dizemos que nós mesmos não sabemos nos conceber nem conceber o que fizemos. Somos culpados.

Eu nasci em 1922, cresci na Alta Silésia, não longe de Auschwitz, mas naquele tempo, em verdade, não soube nada (por favor, não considere esta afirmação como uma desculpa cômoda, mas como um dado de fato) das coisas atrozes que se cometiam a poucos quilômetros exatamente de nós. No entanto, pelo menos até a eclosão da guerra, me sucedeu encontrar aqui e ali pessoas com a estrela judia, e eu não as acolhi em casa, não as recebi como teria feito com outros, não intervim em favor delas. Minha culpa é esta. Só posso aceitar esta minha terrível leviandade, covardia e meu egoísmo contando com a remissão cristã.

Além disso, ela diz participar da *Aktzion Sühnezeichen* (Ação Expiatória), uma associação evangélica de jovens que passam as férias no exterior, a reconstruir as cidades mais gravemente afetadas pela guerra alemã (ela esteve em Coventry). Nada diz de seus pais, e é um sintoma: ou sabiam e não falaram com ela; ou não sabiam, e então com eles não haviam falado aqueles que certamente sabiam, os ferroviários dos comboios, os donos de armazém, os milhares de trabalhadores alemães das fábricas e das minas em que se extenuavam até morrer os operários-escravos, qualquer um, em suma, que não cobrisse os olhos com as mãos. Repito-o: a culpa verdadeira, coletiva, geral, de quase todos os alemães de então foi não ter tido a coragem de falar.

M. S., de Frankfurt, nada diz de si e busca cuidadosamente distinções e justificações: isso também é um sintoma.

... O senhor escreve que não compreende os alemães (...). Como alemão, sensível ao horror e à vergonha, e que será consciente até o fim de seus dias que o próprio horror aconteceu pela mão de homens de seu país, me sinto tocado pelas palavras do livro e desejo responder.

Também não entendo homens como aquele *Kapo* que limpou a mão em suas costas, como Pannwitz, como Eichmann, e como todos os outros que executaram ordens desumanas sem se darem conta de que não se pode fugir à própria responsabilidade escondendo-se por trás dos outros. O fato de que na Alemanha tenha havido tantos executores materiais de um sistema criminoso, e que tudo isso tenha podido acontecer justamente graças ao grande número das pessoas dispostas a tanto, com tudo isto quem, como alemão, poderia deixar de se afligir?

Mas são esses os "alemães"? E será lícito, de qualquer modo, falar dos "alemães" como uma entidade unitária, ou dos "ingleses", dos "italianos", ou ainda dos "judeus"? O senhor citou exceções entre os alemães que não compreende (...): agradeço-lhe estas suas palavras, mas peço-lhe lembrar que inúmeros alemães (...) sofreram e morreram na luta contra a iniquidade (...).

Gostaria de todo o coração que muitos compatriotas meus lessem seu livro, para que nós, alemães, não nos tornemos preguiçosos e indiferentes, mas, ao contrário, continue viva em nós a consciência de quão baixo pode cair o homem que se faz torturador de seu semelhante. Se assim acontecer, seu livro poderá contribuir para que tudo isso não se repita.

A M. S. respondi com perplexidade: com a mesma perplexidade, de resto, que experimentei ao responder a todos estes interlocutores corteses e civilizados, membros do povo que exterminou o meu (e muitos outros). Trata-se, substancialmente, do mesmo embaraço dos cães estudados pelos neurologistas, condicionados a reagir de um modo ao círculo e do outro ao quadrado, quando o quadrado se arredondava e começava a assemelhar-se a um círculo: os cães se bloqueavam ou davam sinais de neurose. Entre outras coisas, escrevi-lhe:

> Estou de acordo com o senhor: é perigoso, é ilícito falar dos "alemães", ou de qualquer outro povo, como uma entidade unitária, não diferenciada, e reunir todos os indivíduos num juízo. Mas não sou capaz de negar que exista um espírito de cada povo (senão, não seria um povo); uma *Deutschtum*, uma italianidade, uma hispanidade: são somas de tradições, costumes, história, língua, cultura. Quem não sente em si esse espírito, que é nacional no melhor sentido da palavra, não só não pertence por inteiro a seu povo como também nem mesmo está inserido na civilização humana. Por isto, embora eu considere insensato

o silogismo "todos os italianos são passionais; você é italiano; logo, você é passional", acredito ser lícito, dentro de certos limites, esperar dos italianos em seu todo, ou dos alemães etc., um determinado comportamento coletivo em vez de outro. Haverá certamente exceções individuais, mas uma previsão prudente, probabilística, a meu ver é possível (...).

Serei sincero com o senhor: na geração que superou os 45 anos, quantos são os alemães verdadeiramente conscientes de tudo o que ocorreu na Europa em nome da Alemanha? A julgar pelo resultado desconcertante de alguns processos, temo serem poucos: junto com vozes amarguradas e piedosas, ouço outras, divergentes, agudas, demasiado orgulhosas do poder e da riqueza da Alemanha de hoje.

I. J., de Stuttgart, é uma assistente social. Ela me diz:

O fato de que o senhor tenha feito com que de seus textos não extravase um ódio irremissível contra nós, alemães, é verdadeiramente um milagre, e nos deve causar vergonha. Gostaria de agradecer-lhe isso. Infelizmente, entre nós ainda existem muitos que se recusam a crer que nós, alemães, tenhamos realmente cometido tais horrores desumanos contra o povo judeu. Naturalmente, essa recusa decorre de muitos motivos diferentes, ou também, quem sabe, só do fato de que o intelecto do cidadão médio não aceita como possível uma perversidade tão profunda entre nós, "cristãos ocidentais".

É bom que seu livro tenha sido publicado aqui, podendo assim iluminar muitos jovens. Talvez possa também ser posto nas mãos de alguns velhos; mas, para fazer isto, em nossa "Alemanha adormecida", é preciso uma certa coragem civil.

Respondi-lhe assim:

... o fato de não experimentar ódio em relação aos alemães surpreende a muitos, e não deveria. Na realidade, eu entendo o ódio, mas unicamente *ad personam*. Se fosse um juiz, mesmo reprimindo o ódio que sentisse dentro de mim, não hesitaria em infligir as penas mais graves, inclusive a morte, aos muitos culpados que ainda hoje vivem sem problemas na terra alemã ou em outros países de hospitalidade suspeita; mas sentiria horror se um só inocente fosse punido por um crime não cometido.

W. A., médico, escreve de Württemberg:

> Para nós, alemães, que carregamos o grave peso de nosso passado e (sabe Deus!) de nosso futuro, seu livro é mais do que um relato comovente: é um auxílio. É uma orientação, razão por que lhe agradeço. Não posso dizer nada como desculpa; e não creio que a culpa (*esta* culpa!) se extinga facilmente (...). Por mais que tente afastar-me do espírito mau do passado, continuo apesar de tudo a ser um membro deste povo, que eu amo e que no curso dos séculos trouxe à luz em medida igual obras de pacífica nobreza e outras cheias de perigo demoníaco. Nesta convergência de todos os tempos de nossa história, estou consciente de me encontrar implicado na grandeza e na culpa de meu povo. Portanto, estou diante do senhor como um cúmplice de quem violentou seu destino e o destino de seu povo.

W. G. nasceu em Bremen, em 1935; é historiador e sociólogo, militante do Partido Social Democrata:

> ... no fim da guerra, eu ainda era uma criança; não posso carregar nenhuma parte de culpa pelos delitos espantosos cometidos pelos alemães; no entanto, sinto vergonha por eles. Odeio os criminosos que o fizeram sofrer e a seus companheiros, e odeio os cúmplices deles, muitos dos quais ainda vivem. O senhor escreve que não sabe compreender os alemães. Se quer aludir aos carniceiros e a seus ajudantes, então eu também não consigo compreendê-los: mas espero ter força para combatê-los, se se apresentarem de novo no palco da história. Falei de "vergonha": queria expressar o sentimento de que tudo quanto naquela época foi perpetrado por mãos alemãs jamais deveria ter ocorrido, nem deveria ter sido aprovado por outros alemães.

Com H. L., bávara, estudante, as coisas se complicaram. Escreveu-me da primeira vez em 1962; sua carta era singularmente viva, livre daquela escuridão de chumbo que caracteriza quase todas as outras, inclusive as mais bem-intencionadas. Considerava que eu esperasse "um eco" sobretudo entre as pessoas importantes, oficiais, não numa moça, mas ela se sentia "envolvida, como herdeira e cúmplice". Está satisfeita com a educação que recebe na escola e com o que lhe foi ensinado sobre a história recente de seu país, mas não está segura de que "um dia a falta de medida que é própria dos alemães não irrompa novamente, sob outra roupagem e dirigida a outros objetivos". Deplora que seus coetâneos recusem a política "como algo sujo". Insurgira-se de modo "violento e alterado" contra um padre que falava mal dos judeus e contra sua professora de russo, uma russa, que atribuía aos judeus a culpa pela Revolução de Outubro e considerava o massacre hitleriano uma punição justa. Nesses momentos sentira "uma vergonha indizível de pertencer ao mais bárbaro dos povos". "Mesmo fora de qualquer misticismo ou superstição", está convencida de que "nós, alemães, não escaparemos da justa punição por tudo aquilo que cometemos." Sente-se de algum modo autorizada, ou melhor, obrigada a afirmar que "nós, filhos de uma geração cheia de culpa, somos plenamente conscientes disso, e tentaremos mitigar os horrores e as dores passadas para evitar que se repitam no futuro".

Como me pareceu uma interlocutora inteligente, desenvolta e "nova", escrevi-lhe pedindo notícias mais precisas sobre a situação da Alemanha de então (era a época de Adenauer); quanto a seu temor de uma "justa punição" coletiva, tentei convencê-la de que uma punição, se é coletiva, não pode ser justa, e vice-versa. Respondeu-me com um cartão, no qual dizia que minhas perguntas exigiam um certo trabalho de pesquisa; tivesse paciência, me responderia de modo exaustivo assim que possível.

Vinte dias depois recebi uma carta sua de 23 laudas: uma pequena tese, em suma, construída graças a um trabalho frenético de entrevistas feitas pessoalmente, por telefone e por carta. Portanto, também esta excelente jovem, ainda que com boas intenções, era propensa à

Masslosigkeit, à falta de medida por ela própria denunciada, mas se desculpava, com sinceridade cômica: "tinha pouco tempo, por isto muitas coisas que poderia dizer mais sucintamente ficaram como estavam". Não sendo eu *masslos*, me limito a resumir e a citar os trechos que me parecem mais significativos.

> ... amo o país em que cresci, adoro minha mãe, mas não consigo sentir simpatia pelo alemão enquanto tipo humano particular: talvez porque me pareça ainda por demais marcado por aquelas qualidades que no passado recente se manifestaram com tanto vigor, mas talvez também porque deteste nele a mim mesma, reconhecendo-me semelhante a ele como essência.

A uma pergunta minha sobre a escola, responde (com documentos) que todo o corpo docente fora a seu tempo submetido ao crivo da "desnazificação", exigida pelos aliados, mas conduzida de modo diletante e amplamente sabotada; e não poderia ter sido de outra maneira: ter-se-ia de proscrever toda uma geração. Nas escolas a história recente é ensinada, mas se fala pouco de política; o passado nazista aflora aqui e ali, em vários tons: poucos professores dele se vangloriam, poucos o escondem, pouquíssimos se declaram a ele imunes. Um jovem professor lhe havia declarado:

> Os alunos se interessam muito por este período, mas logo se opõem quando se fala de uma culpa coletiva da Alemanha. Muitos até afirmam já haver *mea culpa* demais por parte da imprensa e de seus professores.

H. L. comenta:

> ... justamente em razão da resistência dos jovens ao *mea culpa* se pode reconhecer que, para eles, o problema do Terceiro Reich está ainda tão em aberto, ainda é tão irritante e tipicamente alemão, quanto para todos aqueles que o viveram antes deles. Só quando este emocionalismo parar, será possível raciocinar de modo objetivo.

Noutra parte, falando de sua própria experiência, H. L. escreve (de modo muito plausível):

> Os professores não evitavam os problemas; ao contrário, demonstravam, documentando-os com os jornais da época, os métodos de propaganda dos nazistas. Narravam como, ainda jovens, seguiram com entusiasmo e sem crítica o novo movimento: as assembleias juvenis, as organizações esportivas etc. Nós, estudantes, os atacávamos vivamente, mas sem razão, como hoje penso: como se pode acusá-los de terem compreendido a situação e previsto o futuro pior do que os adultos? E nós, em seu lugar, teríamos desmascarado melhor do que eles os métodos satânicos com os quais Hitler conquistou a juventude para sua guerra?

Observe-se: a justificação é a mesma aduzida pelo doutor T. H., de Hamburgo, e de resto nenhuma testemunha da época nega a Hitler uma virtude verdadeiramente demoníaca de persuasor, a mesma que o beneficiava em seus contatos políticos. Pode-se aceitar tal justificação na boca dos jovens, que compreensivelmente tentam desculpar toda a geração de seus pais; não na dos mais velhos, comprometidos e falsos penitentes, que tentam circunscrever a culpa a um homem só.

H. L. me mandou muitas outras cartas, suscitando em mim reações contraditórias. Descreveu-me seu pai, um músico irrequieto, tímido e sensível, morto quando ela era criança: buscava em mim um pai? Oscilava entre a seriedade documental e a fantasia infantil. Proporcionou-me um caleidoscópio e, ao mesmo tempo, me escreveu:

> ... Também do senhor eu construí uma imagem bem definida: é a de quem, escapando de um destino terrível (perdoe-me a ousadia), vaga pelo nosso país, ainda estrangeiro, como num pesadelo. E penso que deveria tecer-lhe um manto como aquele que vestem os heróis nas lendas, para protegê-lo contra todos os perigos do mundo.

Eu não me via nesta imagem, mas não lhe escrevi isto. Respondi que tais mantos não podem ser dados: cada qual deve tecê-los por conta própria. H. L. me expediu os dois romances de Heinrich Mann do ciclo de

Henrique IV, que infelizmente jamais encontrei tempo de ler; fiz chegar a ela a tradução alemã de *A trégua*, que nesse meio-tempo fora editada. Em dezembro de 1964, mandou-me de Berlim, para onde se transferira, um par de abotoaduras de ouro, feitas por uma ourives amiga sua. Não tive coragem de restituí-las; agradeci-lhe, mas pedi que não me desse nada mais. Espero sinceramente que não tenha ofendido essa pessoa intimamente gentil; espero que ela tenha compreendido o motivo de minha atitude. Desde então não mais tive notícias dela.

Deixei por último a troca de cartas com a senhora Hety S., de Wiesbaden, minha coetânea, porque constitui um capítulo à parte, seja como qualidade, seja como quantidade. Sozinha, minha pasta "HS" é mais volumosa do que aquela em que conservo todas as outras "cartas de alemães". Nossa correspondência se estende por dezesseis anos, desde outubro de 1966 até novembro de 1982. Contém, além de umas cinquenta cartas suas (muitas vezes de quatro páginas ou mais) com minhas respectivas respostas, as cópias de um número pelo menos igual de cartas por ela escritas a seus filhos, a amigos, a outros escritores, a editores, a organismos locais, a jornais ou a revistas, cópias que considerou importante mandar-me; ainda por cima, recortes de jornais e resenhas de livros. Algumas de suas cartas são "circulares": metade da página é fotocopiada, igual para vários correspondentes, e a outra metade, em branco, é preenchida à mão com as notícias ou as perguntas mais pessoais. A senhora Hety me escrevia em alemão e não conhecia o italiano; respondi-lhe inicialmente em francês, mas em seguida percebi que ela compreendia com dificuldade e, por muito tempo, lhe escrevi em inglês. Mais tarde, com sua divertida concordância, escrevi-lhe em meu alemão incerto, com uma cópia, que ela me restituía com suas correções "anotadas". Encontramo-nos apenas duas vezes: em sua casa, durante uma apressada viagem de negócios minha à Alemanha, e em Turim, durante umas férias dela igualmente apressadas. Não foram encontros importantes: as cartas contam muito mais.

Também sua primeira carta partia da questão da "compreensão", mas possuía um aspecto enérgico e vivo que a distinguia de todas as outras. Meu livro lhe fora dado tardiamente por um amigo comum, o historiador Hermann Langbein, quando já a primeira edição havia se esgotado. Como assessora de Cultura num governo regional, ela tentava reeditá-lo logo, e me escrevia:

> Seguramente o senhor jamais conseguirá compreender os "alemães": não o conseguimos nem mesmo nós, uma vez que naquela época sucederam coisas que jamais, fosse o preço qual fosse, deveriam suceder. Daí decorreu que para muitos de nós palavras como "Alemanha" e "Pátria" perderam para sempre o significado que antes possuíam: o conceito de "pátria" para nós se extinguiu (...). Esquecer é o que absolutamente não nos é lícito. Por isto, são importantes para a nova geração os livros como o seu, que descrevem o desumano de um modo tão humano (...). Talvez o senhor não se dê plenamente conta de quantas coisas um escritor pode implicitamente expressar sobre si mesmo – e, portanto, sobre o Homem em geral. Exatamente isto é o que confere peso e valor a cada capítulo de seu livro. Acima de tudo, perturbaram-me suas páginas sobre o laboratório da Buna: era esse o modo, pois, pelo qual os prisioneiros nos viam a nós, os não prisioneiros!

Mais adiante, narra sobre um prisioneiro russo que, no outono, lhe levava carvão até o depósito. Falar-lhe era proibido: ela lhe punha nos bolsos comida e cigarros, e ele, para agradecer, gritava: "Heil Hitler!". Ao contrário, não lhe era proibido (que labirinto de hierarquias e de proibições diferenciais devia ser a Alemanha de então! Mesmo as "cartas de alemães", e as de Hety em especial, dizem mais do que parecem dizer) falar com uma jovem operária "voluntária" francesa: Hety a requisitava em seu campo, trazia-a para casa, levava-a inclusive a alguns concertos. A jovem, no campo, não podia lavar-se bem e tinha piolhos. Hety não ousava dizer isso a ela, sentia um mal-estar e se envergonhava por esse mal-estar.

A essa sua primeira carta respondi que meu livro, certamente, havia suscitado ressonância na Alemanha, mas justamente entre os alemães que menos tinham necessidade de lê-lo: me haviam escrito cartas de arrependimento os inocentes, não os culpados. Estes, como é compreensível, calavam.

Em suas cartas subsequentes, pouco a pouco, em seu modo indireto, Hety (chamo-a assim para simplificar, embora não nos tenhamos nunca tratado por "você") me forneceu um retrato de si mesma. Seu pai, pedagogo por profissão, era um ativista social-democrata desde 1919; em 33, o ano no qual Hitler subiu ao poder, logo perdeu o emprego, sucederam-se inquéritos e dificuldades econômicas, a família teve de transferir-se para uma habitação menor. Em 35, Hety foi expulsa do colégio porque se recusara a entrar para a organização juvenil hitleriana. Casou-se em 38 com um engenheiro da IG Farben (daí seu interesse pelo "laboratório da Buna"!), de quem logo teve dois filhos. Depois do atentado contra Hitler, de 20 de julho de 1944, seu pai foi deportado para Dachau, e o matrimônio entrou em crise porque o marido, mesmo não sendo inscrito no partido, não tolerava que Hety pusesse em risco a si mesma, a ele e aos filhos, para "fazer aquilo que devia ser feito", isto é, para levar cada semana um pouco de comida até os portões do campo no qual o pai era prisioneiro:

> ... parecia-lhe que nossos esforços eram absolutamente insensatos. Uma vez fizemos uma reunião de família para ver se havia possibilidade de dar uma ajuda a meu pai, e, caso houvesse, qual; mas ele apenas disse: "Não se perturbem inutilmente: vocês não o verão mais."

No entanto, com o fim da guerra o pai voltou, mas estava reduzido a um espectro (morreu poucos anos depois). Hety, bastante ligada a ele, se sentiu na obrigação de prosseguir militância no Partido Social Democrata renovado; o marido não estava de acordo, aconteceram conflitos, ele pediu e obteve o divórcio. Sua segunda mulher era uma refugiada da Prússia Oriental, que, em razão dos dois filhos, manteve discretas relações com Hety. E lhe disse certa vez, a propósito do pai, de Dachau e dos Lager.

Não leve a mal se não suporto ler ou escutar essas suas coisas. Quando tivemos de escapar, foi terrível; e a coisa pior foi que tomamos a estrada pela qual antes tinham sido evacuados os prisioneiros de Auschwitz. O caminho ficava entre duas sebes de mortos. Gostaria de esquecer aquelas imagens e não posso: continuo a sonhar com elas.

O pai acabara de voltar quando Thomas Mann, no rádio, falou de Auschwitz, do gás e dos fornos crematórios:

Escutamos todos com perturbação e calamos por longo tempo. Papai andava de um lado para o outro, taciturno, agastado, até que lhe perguntei: "Mas você acha possível que se envenenem pessoas com gás, se queimem, se utilizem seus cabelos, a pele, os dentes?". E ele, apesar de vir de Dachau, respondeu: "Não, não é possível. Um Thomas Mann não deveria dar crédito a esses horrores." No entanto, era tudo verdade: poucas semanas depois, vimos as provas e ficamos convencidos.

Numa outra longa carta, ela me descrevera sua vida na "emigração interna":

Minha mãe tinha uma queridíssima amiga judia. Era viúva e vivia só, os filhos tinham emigrado, mas ela não se resolvia a deixar a Alemanha. Também nós éramos perseguidos, mas "políticos"; para nós era diferente, e tivemos sorte apesar dos muitos perigos. Não esquecerei a noite na qual aquela mulher nos visitou, no escuro, para dizer: "Por favor, não me procurem mais e me desculpem se não voltar a procurá-los. Compreendam, eu os poria em perigo...". Naturalmente continuamos a visitá-la, até que foi deportada para Theresienstadt. Não a vimos mais e por ela não "fizemos" nada: o que poderíamos fazer? No entanto, a ideia de que não se pudesse fazer nada ainda nos atormenta: peço-lhe que procure entender.

Contou-me ter assistido em 1967 ao processo da Eutanásia. Um dos acusados, um médico, havia declarado em juízo que lhe fora ordenado injetar pessoalmente veneno nos doentes mentais, e que ele recusara por consciência profissional; ao contrário, abrir e fechar a válvula do gás lhe parecera pouco agradável, mas, em suma, tolerável. Voltando para casa, Hety encontra a faxineira, uma viúva de guerra, a executar seu trabalho, e o filho, que cozinha. Todos os três sentam-se à mesa, e ela narra ao filho tudo o que viu e ouviu no processo. Subitamente,

> ... a mulher largou o garfo e interveio agressivamente: "Para que servem todos esses processos que arrumaram agora? O que poderiam fazer, os nossos pobres soldados, se lhes davam aquelas ordens? Quando meu marido veio da Polônia, de licença, ele me contou: 'Quase não fizemos nada a não ser fuzilar judeus: sempre fuzilar judeus. De tanto disparar, meu braço doía.' Mas o que podia ele fazer, se lhe haviam dado aquelas ordens?" (...) Eu a despedi, reprimindo a tentação de me congratular com ela por seu pobre marido morto na guerra... Pois veja, aqui na Alemanha ainda hoje vivemos em meio a pessoas desse gênero.

Hety trabalhou muitos anos na Secretaria de Cultura do Land Hesse: era uma funcionária diligente mas impetuosa, autora de resenhas polêmicas, organizadora "apaixonada" de simpósios e encontros com os jovens, igualmente apaixonada pelas vitórias e as derrotas de seu partido. Após a aposentadoria, ocorrida em 1978, sua vida cultural se enriqueceu ainda mais: escreveu-me acerca de viagens, de leituras, de stages linguísticos.

Sobretudo, e durante toda sua vida, foi ávida, até obcecada, por encontros humanos: o encontro comigo, duradouro e fecundo, foi só um entre muitos. "Meu destino me impele na direção de homens com um destino", escreveu-me certa vez: mas não era o destino que a impelia, e sim uma vocação. Buscava-os, encontrava-os, punha-os em contato entre si, curiosíssima de seus encontros ou atritos. Foi ela quem me deu o endereço de Jean Améry, e o meu a ele, mas sob uma condição: que ambos lhe mandássemos cópias das cartas que trocaríamos (o que fizemos). Também teve um papel importante para me pôr no encalço daquele Dr. Müller, químico em Auschwitz e, depois, meu fornecedor de produtos químicos, além de ser um arrependido, do qual falei no capítulo "Vanádio" do livro *Sistema periódico*: fora colega de seu ex-marido. Com toda a razão, também pediu cópias do "dossiê Müller": em seguida, escreveu cartas inteligentes a ele sobre mim, e a mim sobre ele, dando-nos devidamente as cópias para "conhecimento".

Numa só ocasião percebemos (pelo menos, percebi) uma divergência. Em 1966 fora solto Albert Speer do cárcere interaliado de Spandau. Como se sabe, tinha sido o "arquiteto da corte" de Hitler, mas em 1943 fora nomeado ministro da indústria bélica; nesta condição, era em boa parte responsável pela organização das fábricas em que nós morríamos de cansaço e de fome. Em Nuremberg fora o único entre os acusados a se declarar culpado, inclusive pelas coisas de que não sabia; ou melhor, justamente por não ter querido sabê-las. Foi condenado a vinte anos de reclusão, que usou para escrever suas memórias do cárcere, publicadas na Alemanha em 1975. Hety inicialmente hesitou, depois as leu e ficou profundamente perturbada com a leitura. Pediu a Speer uma entrevista, que durou duas horas; deixou-lhe o livro de Langbein sobre Auschwitz e um exemplar de *É isto um homem?*, dizendo-lhe que devia lê-los. Ele deu a Hety um exemplar de seu *Spandau: o diário secreto* para que o enviasse a mim.

Recebi e li esse diário, que traz a marca de uma inteligência cultivada e lúcida, bem como de uma regeneração que parece sincera (mas um homem inteligente sabe simular). Speer surge deste diário como um personagem shakespeariano, com ambições ilimitadas a ponto de cegá-lo e contaminá-lo, mas não como um bárbaro, um covarde ou um lacaio. De bom grado prescindiria dessa leitura, porque para mim julgar é doloroso; particularmente, um Speer, um homem complexo, um culpado que fora punido. Escrevi a Hety, com uma ponta de irritação: "O que a impeliu até Speer? A curiosidade? Um sentimento de dever? Uma 'missão'?". Respondeu-me:

> Espero que tenha considerado a oferta daquele livro em seu sentido justo. Também é justa sua inquietação. Queria ver Speer cara a cara: ver do que é feito um homem que se deixou subjugar por Hitler e que se tornou criatura sua. Speer diz, e eu acredito, que para ele a chacina

de Auschwitz é um trauma. Está obcecado pela questão de como pôde "não querer ver nem saber", em suma, cancelar tudo. Não me parece buscar justificativas; também ele gostaria de compreender tudo o que, até para ele, é impossível compreender. Pareceu-me um homem que não falsifica, que luta lealmente e se atormenta em razão de seu passado. Para mim, tornou-se uma "chave": é um personagem simbólico, o símbolo da perversão alemã. Leu com aflição extrema o livro de Langbein e me prometeu ler também o seu. Vou mantê-lo informado sobre as reações de Speer.

Estas reações, para meu alívio, jamais vieram: se devesse (como é hábito entre pessoas civilizadas) responder a uma carta de Albert Speer, teria tido alguns problemas. Em 1978, desculpando-se comigo devido à desaprovação que havia percebido em minhas cartas, Hety visitou Speer uma segunda vez, mas voltou decepcionada. Encontrou-o senil, egocêntrico, arrogante e estupidamente orgulhoso de seu passado de arquiteto faraônico. Desde então, a substância de nossas cartas se deslocou para temas mais alarmantes porque mais atuais: o caso Moro, a fuga de Kappler, a morte simultânea dos terroristas do bando Baader-Meinhof no supercárcere de Stammheim. Ela tendia a crer na tese oficial do suicídio; eu duvidava. Speer morreu em 1981, e Hety, subitamente, em 1983.

Nossa amizade, quase exclusivamente epistolar, foi longa e fecunda, muitas vezes alegre; bizarra, se penso na enorme diferença entre nossos itinerários humanos e na distância geográfica e linguística; menos bizarra, se reconheço que foi ela, entre todos os meus leitores alemães, a única "com os papéis em ordem" e, portanto, não amarrada por sentimentos de culpa; e que sua curiosidade foi e é a minha, atormentando-se com os mesmos temas que discuti neste livro.

CONCLUSÃO

A experiência de que somos portadores nós, sobreviventes dos *Lager* nazistas, é estranha às novas gerações do Ocidente, e cada vez mais se faz estranha à medida que passam os anos. Para os jovens dos anos 1950 e 60, eram coisas de seus pais: falava-se delas em família, as recordações ainda conservavam o frescor das coisas vistas. Para os jovens destes anos 80, são coisas de seus avós: longínquas, esfumadas, "históricas". Eles estão assediados pelos problemas de hoje, diferentes, urgentes: a ameaça nuclear, o desemprego, a exaustão dos recursos, a explosão demográfica, as tecnologias que renovam freneticamente e às quais é preciso adaptar-se. A configuração do mundo mudou profundamente, a Europa não é mais o centro do planeta. Os impérios coloniais cederam diante da pressão dos povos da Ásia e da África sequiosos de independência, e se dissolveram, não sem tragédias e lutas entre as novas nações. A Alemanha, dividida em duas por um futuro indefinido, se tornou "respeitável" e, de fato, detém os destinos da Europa. Permanece a diarquia Estados Unidos/União Soviética, nascida da Segunda Guerra Mundial; mas as ideologias em que se sustentam os governos dos dois únicos vitoriosos do último conflito perderam muito de sua credibilidade e de seu esplendor. Desponta para a idade adulta uma geração cética, privada não de ideais mas de certezas, ou melhor, desconfiada das grandes verdades reveladas; disposta, ao contrário, a aceitar as pequenas verdades variáveis a cada estação segundo a onda convulsa das modas culturais, manipuladas ou selvagens.

Para nós, falar com os jovens é cada vez mais difícil. Percebemos que falar com eles é, simultaneamente, um dever e um risco: o risco de parecer anacrônico, de não ser escutado. Devemos ser escutados: acima de nossas experiências individuais, fomos coletivamente testemunhas de um evento fundamental e inesperado, fundamental justamente porque inesperado, não previsto por ninguém. Aconteceu contra toda previsão; aconteceu na Europa; incrivelmente, aconteceu que todo um povo civilizado, recém-saído do intenso florescimento cultural de Weimar, seguisse um histrião cuja figura, hoje, leva ao riso; no entanto, Adolf Hitler foi obedecido e incensado até a catástrofe. Aconteceu, logo pode acontecer de novo: este é o ponto principal de tudo quanto temos a dizer.

Pode acontecer, em qualquer parte. Não quero nem posso dizer que acontecerá; como mencionei mais acima, é pouco provável que se verifiquem de novo, simultaneamente, todos os fatores que desencadearam a loucura nazista, mas se delineiam alguns sinais precursores. A violência, "útil" ou "inútil", está sob nossos olhos: propaga-se, em episódios intermitentes e privados, ou como ilegalidade de Estado, em ambos os mundos que se convencionou chamar de Primeiro e Segundo, vale dizer, nas democracias parlamentares e nos países da área comunista. No Terceiro Mundo é endêmica ou epidêmica. Só espera o novo histrião (não faltam os candidatos) que a organize, a legalize, a declare necessária e devida, e que contamine o mundo. Poucos países podem dizer-se imunes em relação a uma futura onda de violência, gerada pela intolerância, pela vontade de poder, por razões econômicas, por fanatismos religiosos ou políticos, por atritos raciais. É preciso, pois, despertar nossos sentidos, desconfiar dos profetas, dos ilusionistas, daqueles que dizem e escrevem "belas palavras" não apoiadas por boas razões.

De um modo obsceno se disse que há necessidade de um conflito: que o gênero humano não pode prescindir dele. Também se disse que os conflitos locais, a violência nas ruas, nas fábricas, nos estádios, são um equivalente da guerra generalizada e que dela nos preservam, como o "pequeno mal", o equivalente epilético, preserva do grande mal. Observou-se que jamais, na Europa, haviam transcorrido quarenta anos sem guerras: uma paz europeia tão longa seria uma anomalia histórica.

Trata-se de argumentos capciosos e suspeitos. O Diabo não é necessário: não se precisa de guerras e de violências, em nenhum caso. Não existem problemas que não possam ser resolvidos em torno de uma mesa, desde que haja boa vontade e recíproca confiança: ou até medo recíproco, como parece demonstrar a atual e interminável situação de impasse, na qual as potências máximas se defrontam com uma face cordial ou truculenta, mas não têm reservas em desencadear (ou deixar que se desencadeiem) guerras sangrentas entre seus "protegidos", enviando armas sofisticadas, espiões, mercenários e conselheiros militares, em vez de árbitros da paz.

E não é aceitável a teoria da violência preventiva: da violência nasce tão somente a violência, num movimento pendular que se exacerba com o tempo, ao invés de se aplacar. Com efeito, muitos sinais fazem pensar numa genealogia da violência atual que lança raízes justamente naquela dominante na Alemanha de Hitler. Decerto, não estava ausente antes, no passado remoto e recente: todavia, inclusive em meio ao massacre insensato da Primeira Guerra Mundial, sobreviviam os traços de um respeito recíproco entre os contendores, um vestígio de humanidade para com os prisioneiros e os cidadãos inermes, um respeito tendencial aos acordos: um religioso diria – "um certo temor a Deus". O adversário não era nem um demônio nem um verme. Depois do *Got mit uns** nazista, tudo mudou. Aos bombardeios aéreos terroristas de Göring responderam os bombardeios "de saturação" aliados. A destruição de um povo e de uma civilização se revelou possível e desejável, tanto em si mesma quanto como instrumento de dominação. A exploração maciça da mão de obra escrava fora aprendida por Hitler na escola de Stalin, mas na União Soviética voltou multiplicada no fim da guerra. O êxodo de cérebros da Alemanha e da Itália, junto com o medo de uma ultrapassagem por parte dos cientistas nazistas, deu à luz as bombas nucleares. Os sobreviventes judeus desesperados, em fuga da Europa após o grande naufrágio, criaram no seio do mundo árabe uma ilha de civilização ocidental, um portentoso renascimento do hebraísmo e o

---

* "Deus está conosco" *(N. do T.)*

pretexto para um ódio renovado. Depois da derrota, a silenciosa diáspora nazista ensinou as artes da perseguição e da tortura aos militares e aos políticos de uma dúzia de países, debruçados sobre o Mediterrâneo, o Atlântico e o Pacífico. Muitos novos tiranos guardam nas gavetas o *Mein Kampf* de Adolf Hitler: talvez com algumas retificações ou certas substituições de nomes, pode ainda ser oportuno.

O exemplo hitleriano demonstrou em que medida é devastadora uma guerra travada na era industrial, mesmo sem que se recorra às armas nucleares; nos últimos vinte anos, a desgraçada aventura vietnamita, o conflito das Falkland, a guerra Irã-Iraque e os fatos do Camboja e do Afeganistão são uma confirmação disso. No entanto, aquele exemplo também demonstrou (não no sentido rigoroso dos matemáticos, infelizmente) que, pelo menos algumas vezes, pelo menos em parte, as culpas históricas são punidas; os poderosos do Terceiro Reich terminaram na forca ou no suicídio; a nação alemã sofreu um bíblico "massacre de primogênitos", que dizimou uma geração, e uma divisão que pôs fim ao orgulho germânico secular. Não é absurdo supor que, se o nazismo não se revelasse desde o início tão desapiedado, a aliança entre seus adversários não se teria constituído ou se teria rompido antes do fim do conflito. A guerra mundial buscada pelos nazistas e pelos japoneses foi uma guerra suicida: todas as guerras deveriam ser temidas como tais.

Aos estereótipos que descrevi no sétimo capítulo, gostaria, enfim, de acrescentar mais um. Os jovens nos perguntam, com uma frequência e uma insistência tanto maiores quanto mais aquele tempo se afasta, quem eram, de que cepa eram feitos os nossos "verdugos". O termo alude a nossos ex-guardiões, os SS, e a meu ver é impróprio: faz pensar em indivíduos degenerados, malnascidos, sádicos, afetados por um vício de origem. Ao contrário, eram feitos de nossa mesma matéria, eram seres humanos médios, medianamente inteligentes, medianamente maus: salvo exceções, não eram monstros, tinham nossa face, mas foram mal-educados. Tratava-se, em sua maioria, de sequazes e funcionários grosseiros e diligentes: alguns fanaticamente convencidos do verbo

166 | CONCLUSÃO

nazista, muitos indiferentes, ou temerosos de punições, ou desejosos de fazer carreira, ou demasiado obedientes. Todos tinham sofrido a aterradora deseducação fornecida e imposta pela escola tal qual fora querida por Hitler e por seus colaboradores, e completada depois pelo *Drill* dos SS. A esta milícia muitos aderiram pelo prestígio que conferia, por sua onipotência ou mesmo só por fuga de dificuldades familiares. Alguns, na verdade pouquíssimos, fizeram alguma revisão, pediram transferência para as frentes, deram cautelosa ajuda aos prisioneiros ou escolheram o suicídio. Esteja claro que responsáveis, em maior ou menor grau, todos eram, mas deve ficar igualmente claro que, por trás dessa responsabilidade, está a da grande maioria dos alemães, que aceitaram no início, por preguiça mental, por cálculo míope, por estupidez, por orgulho nacional, as "belas palavras" do cabo Hitler, seguiram-no enquanto a sorte e a falta de escrúpulos o favoreceram, foram atingidos por sua ruína, enlutados com a morte, a miséria, os remorsos, e reabilitados poucos anos depois em razão de um leviano jogo político.

Este livro foi composto na tipografia Dante MT Std, em corpo 12/16, e impresso em papel off-white no Sistema Digital Instant Duplex da Divisão Gráfica da Distribuidora Record.